Franz Müntefering
mit Tissy Bruns

Macht Politik!

Franz Müntefering
mit Tissy Bruns

Macht Politik!

HERDER

FREIBURG · BASEL · WIEN

Nichts kann man alleine. Zu allem braucht man Freunde und Helfer. Frauen und Männer.

Ich bedanke mich bei allen, die mir bei diesem Projekt ihre Unterstützung gegeben haben.

Besonders bei Kajo Wasserhövel und Stefan Giffeler.

© Verlag Herder GmbH, Freiburg im Breisgau 2008
Alle Rechte vorbehalten
www.herder.de

Satz: Barbara Herrmann, Freiburg
Herstellung: CPI – Clausen & Bosse, Leck
Gedruckt auf umweltfreundlichem, chlorfrei gebleichtem Papier
Printed in Germany

ISBN 978-3-451-30122-3

Inhalt

Vorwort

Manchmal kommt es anders als erwartet. Vor dem 8. September 2008 wusste ich nicht, dass ich noch einmal konkret in die Parteiarbeit eintreten und auch für ein hohes Amt kandidieren würde. Jetzt tue ich es gern. Die Interviews in diesem Buch habe ich geführt als unverändert engagierter und begeisterter Sozialdemokrat, ohne Parteifunktion, als Mitglied des Bundestags auch in Verantwortung fürs Ganze – genau so sollen meine Äußerungen jetzt auch bleiben. Unverändert.

Mit einer Ausnahme: Seit dem 8. September ist Frank-Walter Steinmeier Kanzlerkandidat der SPD. Das ist eine bedeutungsvolle und gute Entscheidung, die unmittelbar vor Drucklegung dieses Buches noch in dem Kapitel zur Bundestagswahl berücksichtigt wurde. Seine Kandidatur ist eine große Chance für die SPD und für unser Land.

September 2008   Franz Müntefering

1. Vakante Führung

Herr Müntefering, Sie sagen, die politische Führung des Landes sei weitgehend vakant. Das ist kein schmeichelhafter Befund. An wen richtet er sich?

Er ist auch nicht schmeichelhaft gemeint. Mein Eindruck ist, dass die politische Führung – und das ist zuerst die Bundeskanzlerin – unklar lässt, was denn eigentlich in unserer Gesellschaft politisch nötig ist und wohin die Reise gehen soll. Dieser Eindruck hat sich in den letzten beiden Jahren leider verstärkt. Ich sage das auch selbstkritisch. Aber ohne eine vernünftige politische Führung kann das Land nicht den vernünftigen Weg nach vorn finden. Deutschland muss da besser werden.

Sie haben schon als Vize-Kanzler kritisiert, dass die große Koalition unter ihren Möglichkeiten bleibt.

Generell: Wir sind in der großen Koalition mit „Mut und Menschlichkeit" gestartet. „Gemeinsam für Deutschland" haben wir über die Koalitionsvereinbarung geschrieben und dort angekündigt, dass wir die Zukunftsfähigkeit des Landes herausfordern, Anstrengungen abverlangen und vor allem Mut zur Zukunft machen wollen. Der politische Ansatz war genau richtig, der Start war gut, aber der Anspruch an uns und unser Handeln ist Schritt für Schritt zerronnen.

War das ein schleichender Prozess oder gab es Zäsuren, Einschnitte?

Das hat begonnen, als bei der Union Tendenzen auftraten, das Parteiinteresse für wichtiger zu halten als die gemeinsame Regierungsarbeit. Vor dem CDU-Parteitag November 2006 hat Rüttgers eine Debatte um das Arbeitslosengeld I begonnen. Ich habe damals mit der Kanzlerin gesprochen und sie darauf aufmerksam gemacht, wie gefährlich diese Diskussion ist. Denn natürlich drohte ein Domino-Effekt, der auch bei der SPD nur schwer zu bremsen sein würde. Und so ist dann ja auch gekommen. Frau Merkel wollte mich damit beruhigen, dass sich das alles totlaufen würde. Sie blieb CDU-Vorsitzende, wo sie Kanzlerin hätte werden müssen.

Gibt es andere Beispiele?

Der zweite große Schritt in Richtung Parteiegoismus fand Ostern 2007 statt, als Wirtschaftminister Glos völlig unnötigerweise Steuersenkungen forderte, obwohl wir uns in der Koalition darauf verständigt hatten, keine solchen Versprechungen zu machen, solange der Haushalt so hoch verschuldet ist. Glos hat eine gegenläufige populistische Diskussion begonnen und systematisch weitergeführt – im Herbst 2008 hat die CSU in Bayern mit diesem Thema sogar ihren Landtagswahlkampf bestritten.

Das sind zwei markante Punkte, bei denen die Union abgewichen ist von dem, was wir uns gemeinsam vorgenommen hatten. Für sich gesehen zwei drittrangige Ereignisse, aber eben auch politisch strategisch drittklassig. Das ist parteiische Taktik statt politischer Führung.

Der nordrhein-westfälische Ministerpräsident Rüttgers hatte damals eine Änderung an den Reformen der Regierung Schröder vorgeschlagen, die wir bis heute mit dem Schlagwort Hartz verbinden. Das Arbeitslosengeld I für ältere Ar-

beitnehmer sollte wieder länger gezahlt werden. Rüttgers hat
versucht, die SPD links zu überholen. Was hätte die Bun-
deskanzlerin damals tun müssen?

Sie hätte auf dem CDU-Parteitag zu dem stehen müssen,
was wir ein Jahr zuvor vereinbart hatten. Sie hat nicht gekämpft. Das war schlau, aber nicht klug.

Es war ja nicht so, dass wir die Älteren vergessen hatten. Unser Ziel muss doch sein, ihnen neue Chancen auf
dem Arbeitsmarkt zu schaffen und nicht, sie möglichst
lange mit Arbeitslosengeld zu finanzieren. Unsere Programme haben ja auch Früchte getragen. 1998 waren nur
38 Prozent der über 55-jährigen Menschen in Deutschland
berufstätig. Inzwischen sind es wieder 52 Prozent, Tendenz
steigend.

Auch die Älteren haben also tatsächlich wieder bessere
Aussichten auf Arbeit. Die Diskussion um das Arbeitslosengeld hat den richtigen Weg unterspült, den die rot-
grüne Regierung begonnen hat zu gehen und den die große Koalition fortsetzen wollte. Mehr soziale Gerechtigkeit,
weil die Menschen wieder Arbeit finden und für sich selbst
sorgen können, statt von sozialen Transfers leben zu müssen. Frau Merkel ist von klaren Vereinbarungen abgewichen, die schlüssig und Erfolg versprechend waren.
Stattdessen sind die Geister verwirrt und ein guter Anfang
ist konterkariert worden.

Hat Frau Merkel sich darauf verlassen, dass der Vizekanzler
von der SPD schon stoppen wird, was sie nicht verhindern
wollte, weil sie einem innerparteilichen Konflikt mit Rüttgers
aus dem Weg gehen wollte?

Sie hat mir versichert, dass dieser Vorschlag nicht in die
konkrete politische Arbeit einfließen würde. Es kam an-

ders. Heute sage ich: Es war eine entscheidende Stunde für die große Koalition, als die CDU und ihre Vorsitzende sich entschlossen haben, in Parteitaktik zu verfallen. Keine gute Stunde.

Heute ist es die SPD, die ihre Schritte aus Parteiinteresse bestimmt. Sie fühlt sich zurückgesetzt hinter eine erfolgreiche Kanzlerin, leidet unter den Umfragewerten und identifiziert sich nicht mit der Regierungsarbeit.

Auf allen Seiten hat sich das Motiv seit 2007 verstärkt, in der Zusammenarbeit die – scheinbar – eigenen Interessen stärker zu akzentuieren. Genutzt hat das weder der Regierung noch den Parteien. Klar, in den Monaten vor der Bundestagswahl wird das Wahlkampfhandeln dominieren. Das ist verständlich. Aber es wurde und wird vorher viel Zeit vertan.

Es hat dann noch einmal, im Sommer 2007, einen zweiten Anlauf gegeben, als wir bei einer Klausurtagung in Meseberg die Aufgaben für die zweite Hälfte der Legislatur besprochen haben. Manche in der Koalition waren da inspiriert und wieder willig, andere offensichtlich nur widerwillig. Das konkrete Handeln fiel jedenfalls bald dahinter zurück. Vor allem: Es gab kein Wir-Gefühl mehr. Die drei Parteien regierten, nicht eine Koalition. Und so entsteht Vakanz in der Führung.

Große Koalitionen sind der politische Ausnahmefall. Aber wenn schon, haben die wohlmeinenden Beobachter am Anfang gesagt, dann soll sie auch große Dinge bewegen und die Reformen fortsetzen, die unter Schröder begonnen worden sind. War diese Erwartung einfach unrealistisch?

Nein, und wir haben mit dieser Koalition ja auch etwas erreicht. Die Stabilisierung des Haushalts und der Rückgang der Arbeitslosigkeit und die Stärkung des Betreuungsangebotes und Impulse für Forschung und Technologie und Initiativen für Europa, – das sind doch alles große positive Posten.

Es gibt aber keine hinreichende politische Führung, die den Menschen und unserem Land zeigt, wohin wir gesellschaftlich wollen, über die Legislaturperiodenzeit hinaus. Es dürfen ja kleine Schritte sein, wenn eine Richtung erkennbar ist.

Investieren, sanieren, reformieren, um die Bedingungen für eine zukunftsfähige Gesellschaft zu schaffen, das war das Programm der großen Koalition. Das war richtig und erfolgreich. Das saß. Aber dann ist das Bild der Behäbigkeit und Beliebigkeit entstanden, ein Hin und Her. Die Politik ging nicht klar genug und nicht entschlossen genug an die wirklich entscheidenden Fragen heran.

Der Befund ist nicht neu, dass die Parteien in Regierungen um Platzvorteile kämpfen, taktieren und merkwürdige Kompromisse schließen. Es gab schon in den 1990er Jahren eine große Politikerschelte durch den ehemaligen Bundespräsidenten Richard von Weizsäcker, der den Parteien und Politikern Machtvergessenheit und Machtversessenheit vorgeworfen hat. Kennen wir das alles nicht längst?

In Maßen: Ja. Ich bin ja nun keiner, der nicht auch an seine eigene Partei denkt und taktische Überlegungen anstellt. Ich will es in einem Bild sagen: Slalom fahren ist eine erlaubte Fortbewegungsart in der Politik, aber Kreisverkehr nicht. Politische Bewegung muss immer ein Ziel im Blick haben. Machtvergessenheit, darin steckt sprachlich ja auch etwas durchaus Sympathisches, dass man

13

nämlich nicht mit aller Konsequenz und ohne jede Rücksicht auf Verluste Dinge durchsetzt. Dass Politik auch vorsichtig sein muss. Der Charme der weichen Macht hat ja seine sympathischen Seiten, ich weiß das wohl. Die Frage ist, ob wir als Gesellschaft, ob wir als Deutschland die Zeit haben für soviel Kreisverkehr.

Vielen Menschen gefällt es ganz gut, dass die große Koalition das Tempo drosselt und sie gewissermaßen mit Politik verschont.

Abwarten und Vorsicht können nicht der erste Ratgeber sein. Es muss Orientierung geben, was in den nächsten Jahren und Jahrzehnten zu erwarten ist und was getan werden muss. Diese Arbeit, nämlich den Blick nach vorn zu richten, die Menschen mitzunehmen, ihnen Mut zu machen, ihnen etwas abzuverlangen und ihnen die Sicherheit zu geben, dass wir stark genug sind, das zu schaffen – diese Arbeit wird nicht hinreichend geleistet. Da ist nicht nur Politik gefordert, aber sie vor allem.

Sind mit den Reformen der rot-grünen Zeit nicht die wesentlichen Dinge erledigt worden?

Es stimmt, 2003 ist viel begonnen worden. Begonnen! Konkrete Schritte, die aufsetzten auf der politischen Wirklichkeit. Die wichtigsten Intentionen dieser Politik heißen: Stillstand wäre Rückschritt. Wir müssen uns bewegen. Und: Wir müssen pragmatisch sein, also die Realität gestalten, nicht Wolken schieben. Gesinnungsethik reicht nicht, wir haben der Verantwortung gerecht zu werden, der fürs Ganze, für heute und für morgen. Deshalb ging und geht es um vernünftige Fortentwicklung der Dinge, nicht um Brüche, die zusätzliche Unsicherheit bedeuten würden.

Ob nun das Wesentliche getan ist? Nein. Aber das ist es nie, die Dinge bleiben in Bewegung. Wir brauchen das Gespräch, eine qualifizierte, ehrliche, öffentliche Debatte darüber. Das hilft, denn so klären sich viele Fragen und Ängste verschwinden.

Hat dieses Gespräch denn stattgefunden, als die rot-grüne Koalition die Schröder-Reformen auf den Weg gebracht hat?

Wir hatten Vorstellungen im Kopf: Teilnahmegerechtigkeit durch Arbeit, die Chancengerechtigkeit in der Schule, die Generationengerechtigkeit durch solide Staatskassen. Gerhard Schröder hat bei der Vorstellung der Agenda gesagt: Entweder wir machen jetzt die Veränderung oder wir werden verändert. Und das wird nicht sozial sein, wenn die Verhältnisse uns verändern.

Das Gespräch darüber gab es übrigens mehr, als heute behauptet wird. Wer hören wollte, konnte hören. Und auch mitreden, öffentlich und auf Parteitagen. Aber es bleibt wichtig, dass Politik jetzt darüber hinaus die offene und mutige Diskussion über Richtung und Weg in die Zukunft nicht meidet, sondern sucht, fortsetzt.

Man darf dabei um den richtigen Weg streiten, klar. Die Antworten sind ja nicht einfach. Und niemand hat per se die Wahrheit auf seiner Seite. Also: Die Probleme aufzeigen. Aber auch die Chancen, und die gibt es ja. Und handeln, die vernünftigen Dinge tun.

Wer Fortschritt will – wir Sozialdemokraten wollen ihn –, der muss die Debatte über den Wandel und seine Wirkungen führen und der muss gestalten. Alles andere führt letztlich in die Irre.

Unser Land neigt dazu abzuwarten, der Naturgesetzlichkeit unserer ökonomischen Potenz zu vertrauen. Diese Naturgesetzlichkeit gibt es aber definitiv nicht. Wir werden uns schon verdammt anstrengen müssen. Wir Sozialdemokratinnen und Sozialdemokraten sind dabei mehr gefordert als die Konservativen. Die sind weniger fortschrittsgläubig, auch weniger fortschrittswillig. Die sozialdemokratische Idee, die Idee vom Sozialen und vom Demokratischen, hat dieses Land besser vorangebracht als alle anderen Ideen. Das gilt für die Geschichte unseres Landes und das gilt auch für die kommende Zeit.

Ist der Realitätssinn in Deutschland wieder hinter den der Jahre 2003/2004 zurückgefallen?

Die drei letzten Jahre waren Wachstumsjahre und es ist menschlich, dass es nun auch den Wunsch gibt, sich darauf etwas auszuruhen. Aber Vorsicht. Es steckt auch eine Sehnsucht nach den alten Zeiten darin, die wir uns nicht leisten können. Schon weil die alten Zeiten im Blick zurück immer schöner werden, als sie tatsächlich gewesen sind.

Politische Führung darf sich nicht nur an dem orientieren, was die Gesellschaft sich wünscht, sondern sie muss auch deutlich machen, was nötig ist und die Menschen davon überzeugen. Die demografische Entwicklung – zum Beispiel – fordert uns heraus, weil sie Konsequenzen hat für Altersicherung, für Arbeitsmarkt und für soziale Gesellschaft. Die Bekämpfung der Armut, zumal der Kinderarmut, die Energiepreise, das Klima – auf vielen Feldern hilft uns der alte Gang der Dinge nicht mehr weiter. Sozialdemokraten müssen solche Debatten wollen und auch die Konsequenzen, die sich daraus ergeben. Wir halten den Fortschritt für möglich. Aber er kommt nicht von allein. Ihn suchen und ihn durchsetzen, – darum geht's.

Wie müssen wir im Zeitalter der Globalisierung umdenken?

Jedenfalls über den eigenen Tellerrand hinaus. Die Grenzen sind offen, für die Menschen, für die Waren, für das Geld, für die Arbeit. Auch für das Wissen und für Informationen und Kommunikation – und das ist besonders wirkungsvoll. Globalisierung bringt Deutschland Vorteile. Aber unbestreitbar sind gleichzeitig die Möglichkeiten geringer geworden, eigene autarke nationale Politik zu machen und auf die internationale Finanz- und Wirtschaftspolitik im nationalen Rahmen und Interesse Einfluss zu nehmen. Die große Frage ist, ob es souveränen Nationalstaaten gelingt, gemeinsam Vereinbarungen zu treffen, die international Wohlstand und eine soziale und demokratische Ordnung ermöglichen und fördern.

Die Menschen empfinden das Gegenteil: Geld regiert die Welt wie nie zuvor.

Die Chance für uns heißt: Europa. Die europäischen Länder denken in nationalstaatlichen Kategorien, und die Nationalstaaten sollen ihre Souveränität auch behalten. Kein europäischer Bundesstaat. Kein Staatenbund. Ein Unikat – etwas Neues, eine Form von Politikgestaltung, die der Globalisierung gemäß ist. Die Europäische Union kann gemeinsame Vorstellungen und Regelungen entwickeln und eine Ordnung schaffen, in der nicht das Kapital die Politik dominiert. Nur politische Gestaltung, die demokratisch legitimiert ist, kann den globalisierten Märkten und dem modernen Kapitalismus sozialen Ausgleich und Gerechtigkeit abverlangen. Europa ist der Hoffnungsträger. Die entscheidende Aufgabe heißt: Die soziale Ordnung Europas gestalten. Europa kann zu einem erfolgreichen Feldversuch für die globale Herausforderung werden. Es darf nicht sein, dass Geld die Welt und die Menschen regiert.

17

Die Politik hat derzeit nicht einmal gegen die innereuropäi-
sche Steuerflucht wirksame Hebel in der Hand. Ob Telekom
oder Siemens: Immer entsteht der Eindruck, dass die Politik
nicht wirksam einschreiten kann.

Und? Sollen wir resignieren? Nein, wir kämpfen um den
Primat der Politik.

Niemand ist da in Europa aktiver als der deutsche Finanzminister.

Politik muss die Dinge gestalten, nicht diejenigen, die
das große Geld haben. Dazu gibt es keine Lehrbücher.
Man muss um den richtigen Weg ringen. Um die soziale
Ordnung Europas. Und um die Demokratie. Denn es gibt
ja objektiv eine Gefährdung der Demokratie durch diese
modernen Formen des weltweiten Kapitalismus.

Die Globalisierung fordert die alten Demokratien neu
heraus?

Helmut Schmidt war vor ungefähr zwei Jahren in der Bun-
destagsfraktion. Zuerst hat er uns, wie immer, darüber auf-
geklärt, dass wir alle keine Ahnung haben. Das haben wir
zur Kenntnis genommen. Dann hat er gesagt: Als es Plisch
und Plum noch gab – also die Minister Schiller und Strauß
in der ersten großen Koalition Ende der 1960er Jahre – da
konnte man noch nationale Wirtschafts- und Finanzpolitik
machen. Das geht jetzt nicht mehr in alter Weise. So ist es.
Alle wissen es. Die Freunde des modernen Kapitalismus
finden das auch schick. Sie dürfen nicht recht behalten.

Unsere Politik steht vor einem gewaltigen Problem.
Wenn wir den Menschen sagen, dass nationale Politik diese Frage nicht aus eigener Kraft, mindestens für unser
Land regeln kann, dann fragen die Menschen zu recht zurück: Wozu dann Politiker, wozu dann Demokratie? Des-

halb dürfen wir uns nicht damit abfinden, dass uns in der globalisierten Finanz- und Wirtschaftswelt die Dinge entgleiten. Es gibt ja die fatale Sichtweise, dass diese moderne Form des Kapitalismus die Demokratie gar nicht braucht. Da gilt Demokratie nur als eine Art Bürokratie, auf die man gern verzichten kann. Ist dieser Kapitalismus nicht ohne Demokratie sogar schneller und effizienter? lautet da die Frage. Und die ist nur rhetorisch. Die Antwort haben sie längst parat.

Europa ist die Region, in der die Demokratie eine Tradition hat. Europa muss beweisen: Es geht. Demokratisch denkende und handelnde Staaten sind ökonomisch und gesellschaftlich erfolgreicher als andere. Auch im gemeinsamen internationalen Handeln. Wenn die Demokratie das nicht nachweist, dann wird der soziale Anspruch auch nicht durchgesetzt werden können. Demokratie und Sozialstaat gehören zusammen.

Vor vier Jahren haben Sie in einem Text, der zunächst überhaupt nicht beachtet worden ist, den Heuschrecken-Begriff verwandt. 2005 gab es dann eine große Aufregung darüber, als sie ihn in einem Interview aufgegriffen haben. In der neoliberalen Öffentlichkeit dieser Jahre galt das als anstößig – Müntefering, der ewige Betonsozi. Heute reden vom Bundespräsidenten bis Oskar Lafontaine alle über das Monster Finanzkapital.

Ich bin kein Finanzexperte und rede darüber auch nicht in erster Linie unter finanzpolitischen Gesichtspunkten. Wenngleich man sich als finanzpolitischer Laie nachdenklich fragt, was das bedeutet: Die großen amerikanischen Fonds haben vor 20 Jahren ihre Aktien im Schnitt 46 Monate gehalten. Heute sind es 3,6 Monate; sie hoppen von einem Geschäft zum andern – liest man. Das Desaster kleiner und großer Banken und Banker in den letzten Monaten – auch in Deutschland – hat die Zweifel an der Kompetenz und am Verantwortungsbewusstsein vieler Mächtiger in der Finanzwelt ja noch wachsen lassen. Von ihrer arroganten und raffinierten Allwissenheit ist nichts geblieben. Da ist die Politik ja geradezu ein Hort der Solidität.

Meine Hauptsorge war und ist das Demokratie-Problem. Weltweit und hier. Nach der Pleite des Kommunismus und der Planwirtschaft haben wir gedacht, die soziale Marktwirtschaft und der gebändigte Kapitalismus hätten gesiegt und seien nun auf akzeptablem Weg. Aber nun erleben wir eine neue Zweiteilung, dabei eine Form von globalem Kapitalismus, der autoritär und egoistisch nicht nur soziale Gerechtigkeit negiert, sondern auch die Grundwerte Freiheit und Solidarität und die Prinzipien der Demokratie in Frage stellt.

Nach allem, was Sie ausgeführt haben, möchte ich fragen: Steckt hinter der vakanten Führung nicht eine objektive Hilflosigkeit der Politik, eben durch den Verlust der nationalen Gestaltungsmöglichkeiten und den Übergang zur globalisierten Finanzwirtschaft? Verleitet das Politiker dazu, ständig nur so zu tun, als ob?

Ja, es gibt einerseits ein Omnipotenzgebaren der Politik: Die Rente ist sicher, wir schaffen Arbeit, wir beseitigen Armut, wir garantieren Sicherheit. Um nicht zu sagen: wir retten die Welt. Kraftmeierei, die zu Enttäuschungen führt. Etwas Demut wäre nicht schlecht. Andererseits: Wir dürfen auch nicht verzagt sein. Die Zuversicht in die Gestaltbarkeit der Dinge darf nicht verloren gehen – der Politik nicht, der Gesellschaft nicht, dem einzelnen Menschen nicht.

Wer anderes betreibt, bereitet dem Nationalen das Feld, letztlich dem Nationalistischen. Die Weichen werden gestellt. Die Demokratien sind nicht ohnmächtig. Also: Orientierung. Über die Dinge reden wie sie sind. Aufklären. Und so Bereitschaft wecken. Zum Handeln, um die menschliche Gesellschaft zu ermöglichen. Bei uns. In Europa. Weltweit. Mut haben zum Gelingen.

In unsicheren Zeiten wird die politische Diskussion mit der Bevölkerung also wichtiger?

Mit der Bevölkerung, aber auch mit uns selbst. Gute Gesinnung reicht nicht. Die ideologische Selbstgewissheit mancher Politiker ist nicht klug. Wenn es kein belastbares Lehrbuch gibt für eine sich verändernde Gesellschaft und für die Weltordnung, dann dürfen wir nicht annehmen, dass im Verharren die Wahrheit und die richtige Antwort zu finden sei. Wir brauchen den Mut, über die Zukunft ehrlich zu sprechen und sie zu gestalten. Wir stoßen dabei übrigens auch auf die Fragen, die viele Menschen wirklich interessieren und umtreiben. Die sind ja nicht dumm.

Die Volksparteien meiden diese großen Fragen, vor allem die SPD ist eine im Innersten über sich selbst unsichere Partei.

Widerspruch, aber dazu später mehr.

Was kann die SPD tun? Das Hamburger Grundsatzprogramm ist gut. Die Grundwerte sind unbestritten. Aber wir müssen darüber hinaus zu einigen markanten Fragestellungen konkreter Politik weiter diskutieren und im Handeln die politischen Furchen ziehen.

Zum Beispiel:

Wie sichern wir Wohlstand dauerhaft für unser Land? Und wie erreicht er die Menschen gerecht?

Wie bekämpfen wir Arbeitslosigkeit noch erfolgreicher und garantieren gute Arbeit?

Wann rafft Deutschland sich endlich auf, Bildung und Erziehung für alle zum erstrangigen Thema zu machen und erstklassige Antworten zu geben – Föderalismus hin, Föderalismus her?

Was muss geschehen, damit Energie sicher und bezahlbar bleibt – und durch Innovationen auf diesem Gebiet neue Arbeitsplätze entstehen und die Umwelt geschont wird?

Wie können wir Netzwerke schaffen, die in der älter werdenden Gesellschaft Aufgaben übernehmen, die der Sozialstaat allein nicht meistern kann?

Bürgerrechte. Speziell: Wie nehmen wir den Mensch die Angst vor einer Zukunft, in der ihre individuellen Daten, ihr Persönlichstes, im technischen Kontroll- und Registrier-Computer landen und der gläserne Mensch Wirklichkeit wird?

Wie verändert gezielte Zuwanderung unsere Gesellschaft und wie können wir sie durch Integration gestalten?

Wie können wir das soziale Europa schaffen? Ein Europa, das seine Verantwortung wahrnimmt in einer globalisierten Welt?

Die Partei in Deutschland, die über solche Themen öffentlich und offen redet, wird die Aufmerksamkeit der Menschen haben und kann ihr Vertrauen gewinnen.

Ich will das so beschreiben: Wie sollen Gesellschaft und das Land in den nächsten 20 Jahren aussehen? Wie sehen die individuellen Lebensentwürfe der Menschen aus und wie passt das zur Entwicklung der Gesellschaft? Wir brauchen eine Debatte um den Gesellschaftsentwurf für unser Land.

Und das kann die SPD leisten?

Am besten die SPD, ja. Die Idee vom Sozialen und vom Demokratischen ist in dieser Zeit forcierten Wandels hochaktuell.

Es geht um gute Politik, eine Politik, die ohne Hektik, aber zügig das menschenmögliche Maß an Sicherheit und Wandel erreicht. Die verbindliche Grundwerte zur Basis hat und die die demokratisch legitimierte politische Macht nutzt, um Fortschritt zu organisieren.

So wird Politik Spaß machen, auch vielen, die jetzt nur zuschauen. Und das wiederum wird gut sein für unsere Demokratie. Haben wir Mut.

2. Gute Politik machen

Als Sie wegen der schweren Erkrankung Ihrer Frau als Vize-
kanzler zurückgetreten sind, haben Sie sehr viel Post bekom-
men. E-Mails und Briefe mit guten Wünschen für Ihre
Frau, aber auch viele Fragen und Erwartungen. Gibt es ein
Bedürfnis nach guten Politikern und nach guter Politik?

Gibt es ganz sicher. In der konkreten Situation damals war
allerdings häufig eine tröstlich gemeinte Anmerkung enthalten, dass ich mich ja nun wenigstens nicht mehr mit
der Politik herumschlagen müsse. Fast ein Glückwunsch
dazu, dass ich doch wenigstens diesem seltsamen Geschäft
entkommen sei: Politik ist sowieso eine ganz schwierige
Sache, und seien Sie froh, dass Sie da draußen sind! So in
der Tonlage. Und das war für mich der Anlass, in der ZEIT
ein Lob auf die Politik zu schreiben.

Haben Sie darauf wiederum Reaktionen erhalten?

Nicht so unerwartet viele wie vorher zu dem Anlass. Aber
doch einige, die meine Erfahrung mit Politik und mein
Lob der Politik freundlich aufnahmen. Ja, es gab Zustimmung. Was mich sehr gefreut hat: Ich habe eine Reihe
Reaktionen von jungen Menschen bekommen, die gesagt
haben: Es ist ganz toll, dass wir diesen Zusammenhang
mal lesen können. Das war ermutigend auch für mich.
Wir müssen die Sprache und die Gelegenheit finden, diejenigen anzusprechen, die erreichbar sind. Oft sogar zum
Engagement bereit sind. Es sind nicht wenige. Der politische Nachwuchs ist da. Tolle junge Leute, die mit anpa-

cken und die Dinge mit bewegen. Ich bin da voller Zuversicht.

In diesem Text beschreiben Sie, warum die Demokratie engagierte Menschen und Politiker braucht. Was macht gute Politik aus?

Kompetenz und Verantwortung. Politik sachgerecht machen und Politik für das Ganze machen. Helmut Schmidt hat das in seiner Maxime gut zusammengefasst: Pragmatisches Handeln zu sittlichen Zwecken. Ich glaube, dass das genau den Kern der Dinge trifft. Sachgerecht handeln und fürs Ganze handeln, das macht gute Politik aus, das muss auch der Anspruch der Politikerin, des Politikers sein.

Erläutern Sie den Begriff Kompetenz? Politiker gelten doch als Generalisten, die eigentlich nichts richtig können – außer den politischen Gegner fertig zu machen.

Kein Mensch kann alles im Detail wissen. Das verlangt auch keiner. Aber Politiker müssen schon wissen: Wer weiß was, wer weiß es gut, wer ist sachkundig. Sie müssen, wenn sie Entscheidungen treffen, diese sachgerecht vorbereiten. Ideologie hilft da überhaupt nicht. Da hilft auch keine Gesinnungsethik nach dem Motto: Ich möchte, dass mein Ziel erreicht wird; mein Ziel ist doch so gut und dann sind die Instrumente und die Wege doch beliebig. Nein, nein, so geht das nicht.

Politik braucht immer viel Sachwissen. Sie braucht die Zusammenarbeit mit der Praxis, mit den Arbeitnehmern und den Arbeitgebern, mit der Wissenschaft, mit den Menschen im alltäglichen Leben. Sachgerecht arbeiten heißt, pragmatisch an die Dinge gehen und nicht nach ideologischen Lehrbüchern. Denn die Zeiten ändern sich und die

Verhältnisse auch. Deshalb können sich aus den gleichen Grundwerten zu verschiedenen Zeiten unterschiedliche Antworten ableiten, die sachgerecht sind.

Ideologien sind ein Gegner von Sachkompetenz. Ist es auch die Parteipolitik, weil Interessen ins Spiel kommen, die nicht dem Ganzen dienen?

Nicht zwingend. In der Partei selbst balancieren sich viele Dinge aus. Natürlich stoßen die unterschiedlichen Interessen aufeinander und müssen im Ergebnis kompatibel gemacht werden. Die Sozialdemokratie jedenfalls ist breit genug aufgestellt, sie ist vor allem verantwortungsbewusst genug, das Gesamtinteresse sehen und bestimmen zu können. Vor zwei Dingen muss man sich hüten: Zu glauben, umfragebeliebte Klientelpolitik – etwa für einen Teil der Wählerschaft – könne vernünftig sein und zahle sich auch aus. Und Machtkämpfe zwischen Personen – und so etwas gibt es natürlich auch in der Politik – durch Interessenpolitik entscheiden zu wollen.

Wenn man Arbeitslosigkeit bekämpfen will, dann muss man sich überlegen, wie das wirklich erreichbar ist. Ganz praktisch. Wenn man Gerechtigkeit will, muss man sich zum Beispiel überlegen, wie man gerechte Löhne schafft. Was kann man tun, damit Menschen nicht zu niedrig bezahlt werden? Wie kann Politik verhindern, dass Unternehmen mit sittenwidrigen Löhnen ihren Profit dadurch sichern, dass sie den Steuerzahler und den Staat ausbeuten? Dazu muss man Antworten finden und die müssen dann auch sitzen.

Es kommt vor, und ist eigentlich sogar normal, dass Handlungsanweisungen für konkrete Politik in den Parteilehrbüchern nicht enthalten sind. Es kommt vor, dass Parteien vor der Wahl nicht die letzten Konsequenzen ihrer politi-

schen Perspektiven und Vorhaben aufgeschrieben oder ausgesprochen haben. Oder auch nicht gewusst haben.

Alles wahr, aber nicht entscheidend. Parteien – ich sage
es für die SPD – haben grundsätzlich das Potential und
auch die Bereitschaft, gesamtverantwortlich zu denken
und zu handeln.

*Genies seien in der Politik eher selten, haben Sie einmal ge-
sagt, und meistens verursachten sie hohe Kosten. Es käme
darauf an, gutes Handwerk zu machen. Das hört sich ein
bisschen bieder an. Was verstehen Sie unter gutem Handwerk in der Politik?*

Ich habe diese Idee besonders plastisch gefunden bei Richard Sennett. Er hat ein gutes Buch geschrieben über die
Kultur des modernen Kapitalismus und da hat er das Ideal
vom guten Handwerk beschrieben. Handwerker sein heißt,
an der Sache interessiert sein, an der Sache zu arbeiten aus
Liebe zur Sache. Der Tischler baut einen guten Tisch, weil
er einen guten Tisch bauen will. Was später auf dem Tisch
stehen wird, oder wer daran sitzen wird, das muss nicht er
entscheiden. Gutes politisches Handwerk heißt: Sich
nichts schön schminken, keine Wolkenschieberei machen,
keine fantastischen Ideen, sondern ganz konkret die Sache
gut machen. Politisches Handwerk ist natürlich immer
auch Kopfwerk. Und gemeint ist eine bestimmte Einstel-
lung: Ich will das Problem lösen. Ich will die Arbeitslosigkeit bekämpfen. Das ist das Thema Nummer eins.

Das Thema Nummer eins ist nicht: Wie gut sehe ich dabei aus oder wie schlecht sieht der politische Gegner aus.
Auch nicht: Was steht dazu in den ideologischen Lehrbüchern.

Gutes politisches Handwerk ist übrigens immer auch
innovativ. Denn richtig sind politische Antworten ja immer

nur in einer bestimmten Zeit, zu ihrer Zeit. Wandel ist immer. Gute Politik treibt Innovation solide voran. Denn sie achtet darauf, dass eine Lösung, ein Gesetz dem Anspruch auch morgen genügt. Sie blickt nach vorn und baut am morgen. Potemkinsche Dörfer malen, ist ihre Sache nicht. Das ist gutes politisches Handwerk.

Schließt das nach Ihrem Verständnis ein, was Max Weber Leidenschaft zur Sache genannt hat?

Die gehört ganz sicher dazu. Weber hat ja die Leidenschaft in der Sache, Verantwortung fürs Ganze und Augenmaß als die entscheidenden Tugenden beschrieben, die ein guter Politiker haben muss. Das Augenmaß ist dabei das Schwierigste, weil es das richtige Maß von Distanz zur Sache und zum Handeln voraussetzt.

Die Leidenschaft in der Sache heißt, dass der, der die Geige herstellt, alles dafür tut, dass diese Geige gut wird und grandios bespielt werden kann. Was die, die sie spielt, nachher daraus macht, das ist eine ganz andere Frage. Aber der Handwerker will zunächst mal seine Sache gut machen. Darauf – aufs Gutmachen – müssen wir Politiker unendlich viel Fleiß verwenden.

Sagen Sie ehrlich: Wie viel Ehrgeiz dieser Art kann im täglichen Getriebe, in den Räderwerken der Parteigremien, Ministerien, Fraktionssitzungen und Koalitionsausschüssen tatsächlich überleben?

In den Ministerien und in den Fraktionen – konkret bei Abgeordneten und Ministern – immerhin mehr als in den Parteifunktionärsgremien. Es gibt hier Sachverstand. Die wissen, von was sie reden, meistens auch im Detail. Mindestens so speziell, wie andere Berufe auch.

Im Übrigen sind die Politiker nicht nur auf sich gestellt: Ich will es mal deutlich sagen, dass in unserem öffentlichen Dienst, bei den Beamten und Angestellten, in den Ministerien und in den nachgeordneten Behörden unendlich viel an Sachwissen und Kompetenz ist. Als Minister kann man eine Referentin anrufen, und sie weiß zu hundert Prozent Bescheid und kann Ratschlag geben. Das war in den Ministerien, in denen ich war, für mich immer eine gute Erfahrung. Aber in gleicher Weise auch in der Fraktion. Die Mitarbeiterinnen und Mitarbeiter dort können was. Dann kommt es darauf an, aus diesem Einzelpunktwissen ein Gesamtbild zu formen und daraus dann Politik zu machen. Die Verantwortung dafür muss der Politiker übernehmen.

Das ist das Typische in einer Demokratie: Politik steht nicht isoliert neben dem eigentlichen Leben und sagt, wir wissen alles. Denn wir haben ja die richtige Idee im Parteiprogramm. Es geht bei politischen Prozessen immer auch darum, wie man den Weg dahin findet und richtig gestaltet. Helmut Schmidt halte ich wirklich für einen der Großen, damals oft unterschätzt von uns Jüngeren und zu gering beachtet in der Theorie- und Praxisdebatte der Sozialdemokratie. Er hat das Problem einmal so beschrieben: Man kommt ja nicht ans Ziel, weil man vom Ziel geträumt hat. Sondern man kommt zum Ziel, weil man den Weg dahin gegangen ist. Das ist ein großer Unterschied. Natürlich wusste Schmidt dabei auch, dass man ohne Ziel keinen Weg gehen kann.

Sie sagen, der Ehrgeiz, gute Politik zu machen, überlebe eher in den Ministerien und Fraktionen als in bestimmten Parteigliederungen. Was ist los in den Parteigremien?

Das ist doch nicht neu. Und das soll auch so sein. Wenn man konkrete Politik macht in der Demokratie, dann sind das Parlament, der Bundestag, der Bundesrat, also die Gesetzgebung und die Exekutive, die Bundesregierung, die Institutionen der Demokratie. Sie sind die Staatsgewalt, die vom Volke ausgeht. Die Parteien wirken mit, aber entscheidend sind die genannten Institutionen. Sie treffen die Entscheidungen und tragen die Verantwortung. Und sie haben auch die nötige Substanz dazu.

Parteitage sind nicht dazu da, im Detail festzulegen, wie ein Gesetz aussehen soll. Parteitage müssen die Grundwerte und die Richtung bestimmen, in die Parteien gehen wollen. Natürlich kann man auch über Details sprechen. Aber die Arbeit an der Gesetzgebung, die muss im Bundestag und im Zusammenwirken mit der Bundesregierung stattfinden. Das ist ganz wichtig.

Jeden Montag tagen in Berlin die Vorstände und Präsidien der Parteien und befeuern das allgemeine Palaver.

Stimmt nur teilweise. Jedenfalls: Die Verantwortung liegt bei denen, die durch Mandate die politische Macht haben, die für vier Jahre ins Parlament gewählt sind, und die aus dem Parlament heraus die Bundesregierung bilden oder die Opposition. Sie tragen die Verantwortung dafür, dass ihre Arbeit eine gute Politik ist im Interesse des Landes.

Die Bundesregierung ist nicht das Zentralkomitee der Koalitionsparteien, sie ist das verantwortliche Exekutivgremium in unserer Demokratie. Und das Prinzip Verantwortung fürs Ganze gilt für den Bundestag als Legislative natürlich in besonders herausragender Weise. Minister und Abgeordnete sind nicht die Entsandten ihrer Partei, sie sind auf Zeit Gewählte. Eine höhere Verantwortung gibt es nicht in der Demokratie.

Noch einmal zum guten Handwerk: Eine Dauerkritik an den rot-grünen Reformen lautete: Handwerklich schlecht gemacht. Wie geht gute Politik mit Fehlern um?

Fehler kommen vor, überall im Leben und in der Politik. Wie geht man damit richtig um? Man muss sie erkennen und daraus die Konsequenzen ziehen. Wenn der Handwerker das Haus gebaut hat, sieht er sich alles noch einmal an. Und dann sieht er, ob alles funktioniert. Er dreht die eine Schraube nach und die andere wechselt er vielleicht aus. Perfekt im ersten Durchgang ist bei komplexen Aufgaben niemand. Auf die letzte Sorgfalt kommt es an.

Der Begriff der Nachbesserung wird gerne als hämisches Wort gebraucht, mit dem Unterton „die können das nicht". Das ist nicht gerecht. Für den politischen Prozess ist das auch nicht gut. Denn nachbessern und verändern und fortentwickeln, das muss Politik ständig. Das gehört dazu, so wie in jedem Betrieb und im Leben insgesamt.

Kommen wir noch mal auf Institutionen und Parteien zurück. Die Bürger nehmen Politik als endloses Parteiengezänk wahr, als Kleinkrieg um kaum nachvollziehbare Fragen. Wie kann Politik einen roten Faden kenntlich machen?

Ganz ohne das Klein-Klein geht es nicht. Man darf da keine Illusionen haben. Aber der rote Faden ist sehr wichtig. Ich glaube, dass die Menschen zwar selten Grundsatzprogramme lesen, dass sie aber Lust haben auf Zusammenhänge und Lust auf Sinn. Denn nur das kann Mut und Zuversicht geben, dass Politik doch in eine gute Richtung geht und das Ganze zu einem Erfolg führt.

Der rote Faden – ja, jeder Politiker und jede Politikerin müssen immer wieder auch öffentlich über die grundsätzlichen Fragen von Gesellschaftsentwurf und Zukunftsfähigkeit sprechen, nach vorn blicken, Bilder und Hoffnungen aufzeigen, an die Menschen glauben können. Es gibt ja gute Gründe dafür.

Da klingt nach den üblichen Versprechen.

Nein, nach Lösungen, die sachgerecht sind, auch wenn sie noch nicht populär sind. Und nach Vertrauen in die Menschen. Wir müssen den Menschen vertrauen, wenn wir ihr Vertrauen wollen. Und das brauchen wir doch. Aufklärung und Vernunft, das ist immer noch die beste Methode. Aber die Menschen müssen auch merken: Da ist einer von seiner Sache überzeugt, kämpft dafür und führt. Der läuft nicht weg, nicht vor seiner Verantwortung und nicht vor Kritik und nicht vor dem Noch-nicht-Populären und nicht vor den großen Grundsatzfragen.

Sie haben als Vizekanzler zwei Paukenschläge geschlagen. Einmal mit der Rente mit 67, die ist bis jetzt nicht besonders beliebt. Zum anderen mit dem Mindestlohn. Sind das Beispiele dafür, wie man mit großen Fragen im kleinen Alltag umgehen kann?

Da ist was dran. Allerdings:

Die Rente mit 67 und die Möglichkeit von Mindestlöhnen ergeben sich auch aus dem Koalitionsvertrag. Das war nicht nur meine persönliche Initiative. Aber ich habe das mit Überzeugung gemacht und glaube, dass die Diskussion über die Anhebung des Renteneintrittsalters auch ein Instrument war und ist, große Zusammenhänge klar zu machen. Insofern bin ich auch nicht unglücklich über die Diskussion, die immer noch läuft.

Denn wenn man über das Rentenalter spricht, kommt man an veränderten Realitäten nicht vorbei. Die Menschen gehen später in den Job, sie sind relativ gesund, wenn sie herausgehen. Sie können noch was mit 65 oder 66. Und es ist nötig, dass sie sich engagieren, damit die Sozialsysteme und die Gesellschaft funktionsfähig bleiben. Das ist ein großes Thema im Gesellschaftsentwurf für die Zukunft. Das macht sich an einem solchen Haken wie Rente mit 67 fest, obwohl sie ja nur ein Aspekt im Gesamtkonzept ist. Die Diskussion hat uns geholfen und hilft vielen Menschen, sich damit auseinanderzusetzen. Faktisch ist es ja längst so, dass die Zahl derer steigt, die älter werden und noch arbeiten. Und die wollen das auch. Sie wollen nicht mit 55 oder 57 aus dem Job raus.

Der Mindestlohn ist ein populäres Thema, aber er hängt in den langsamen Mühlen der großen Koalition.

Da haben wir als Sozialdemokraten einen großen Missstand aufgedeckt. Was da stattfindet, hat mit sozialer Marktwirtschaft nichts zu tun. Der Staat, die Gemeinschaft, die Steuerzahler werden gezwungen, auf die Löhne drauf zu zahlen, weil manche Arbeitgeber – Gott sei Dank längst nicht alle – sich weigern, anständig zu bezahlen.

Auch das ist eine Debatte, die für die gesellschaftliche Entwicklung von großer Bedeutung ist. Wenn jemand voll arbeitet, muss er davon leben können und er muss mehr haben als derjenige, der nicht arbeitet, weil er keinen Arbeitsplatz finden kann. Dass darüber hinaus Sozialtransfers nötig bleiben, zum Beispiel für Kinder, ist klar. Ich glaube, dass auch diese Debatte sich lohnt. Rente mit 67 und Mindestlohn sind auch zu Schlüsselbegriffen für den Umgang mit Wandel und Veränderung geworden.

Damit es kein Missverständnis gibt: Sie sind nicht zu diesem Zweck erfunden. Aber sie haben diese Wirkung.

Von Helmut Schmidt gibt es noch ein anderes viel zitiertes Wort, das Sozialdemokraten nicht mögen: Wer Visionen hat, der solle doch bitte zum Augenarzt gehen. Vermutlich war das ein Therapieversuch gegen die Gesinnungsträumereien, die in der SPD in den 1970ern und 80ern sehr lebendig waren. Welche Bedeutung hat politischer Weitblick oder dem Blick nach vorn für gute Politik?

Na, der Schmidt, der war ja gern ein bisschen schnoddrig. Sein Beiname Schnauze kam nicht von ungefähr. Das haben wir als die Generation nach ihm zu spüren bekommen und haben uns sehr an ihm gerieben. Was Helmut Schmidt damit sagen wollte – so habe ich es empfunden und nur so kann man ihn verstehen: Ihr dürft nicht bei der Beschreibung der Ziele stehen bleiben. Sich was Schönes wünschen reicht nicht. Es kommt darauf an, es zu erreichen. Das originär Sozialdemokratische und, wie ich finde, das Gute an Schmidt ist der ständige Hinweis: Es ist nicht egal, wie man dahin kommt. Ans Ziel nämlich. Und von alleine, ohne Anstrengung kommt man schon gar nicht hin. – Er wusste das und deshalb war er ein sehr guter Kanzler für unser Land.

Der Weg zum Ziel ist selbst außerordentlich wichtig, entscheidend wichtig – eine alte sozialdemokratische Debatte aus Bernsteins und Kautskys Zeiten. Es wird das Paradies auf Erden nicht geben und auch nicht den neuen Menschen, von dem ab alles gut sein wird. Deshalb ist die Frage, wie man zu Zielen kommt, keine beliebige. In der Vorstellung derer, die in der DDR regierten, sollte es eine Zeit der sozialistischen, kommunistischen Gesellschaft geben, in der alles gut sein würde. Vielleicht waren sie ja nicht alle Zyniker und einige haben den Unsinn wirklich geglaubt. Einig waren sie sich jedenfalls: Auf dem Weg dahin ist es erlaubt, Menschen einzukerkern und eine Mauer zu bauen. Das ist das Gegenteil von sozialdemokratisch. Übrigens: Schmidt hat sehr wohl Ziele gehabt und das Wort Vision wäre auch bei ihm nicht falsch. Dieser Satz war ein Versuch, über eine solche Rempelei ein bisschen die Sozialdemokraten aufzuwecken, die sich allzu leicht verlieren in Zielen. Oder Träumen. Es ist ihm ja auch gelungen.

Der politische Weg zur Lösung eines Problems, wie Menschen ihre Verhältnisse gestalten, ist also selbst Teil guter Politik. In dem Wort „pragmatisch handeln zu sittlichen Zwecken", schwingt die Frage nach den Überzeugungen mit. Wenn man das als Politiker einlösen will, braucht man ein sittliches Fundament.

Ja, und dazu gibt es Konsens in dieser Demokratie. Diese sittlichen Zwecke sind im Grundgesetz grandios beschrieben. Die Dominanz der persönlichen Freiheit und der Würde des Einzelnen in den ersten neunzehn Artikeln und in den folgenden unsere Demokratie, ihr Geist, ihre Institutionen, ihre Funktionsweisen. Und unsere sozialdemokratischen Grundwerte Freiheit, Gerechtigkeit und Solidarität sind in voller Übereinstimmung damit.

Die Schröder-Agenda hat vielen Menschen das Gefühl eingeflößt, hier seien die reinen Pragmatiker am Werk, der sittliche Zweck lag im Dunkeln.

Das Gegenteil ist richtig.

Wir wollten Arbeitslosigkeit bekämpfen. Wenn das kein sittlicher Zweck ist, Menschen in Arbeit zu bringen! Und wir haben einen großen Schritt geschafft. Nicht alle haben allerdings die Reformen als Weg dahin begriffen und akzeptiert.

Das ist ein Dilemma, dem man nicht ausweichen kann in der Politik. Manchmal muss man die Kraft haben, voranzugehen und darauf zu bauen, dass die Lösungen später doch überzeugen.

In der Geschichte der SPD ist es schon oft gelungen, das noch nicht populäre Handeln im Nachhinein doch als sinnvoll erkennbar zu machen. Und das Problem wird sich auch in Zukunft manchmal so stellen.

Große Beispiele in der Nachkriegsgeschichte: 1952, als es um die Wiedergutmachung gegenüber Israel ging, waren 11 Prozent der Bevölkerung dafür. In der CDU/CSU-Fraktion gab es keine Meinung dafür. Die SPD in der Opposition (!) hat Adenauer geholfen. Das war richtig, keine Frage. Oder 1972: Die Ostpolitik von Willy Brandt wurde hart bekämpft, sie ist fast gescheitert, dann haben wir sie doch durchgekämpft.

Ein Beispiel ist heute aus meiner Sicht die Nutzung der Atomkraft. Man merkt ja: Langsam bewegt sich die Diskussion dahin, doch ein bisschen Luft zu lassen unter dem Eindruck der Preisentwicklung und Atomkraft, die längeren Laufzeiten, zu tolerieren. Aber der Weg des Ausstiegs ist richtig. Der Energiebedarf für die wachsende Menschheit – von 6,3 auf 9,1 Milliarden in den nächsten vierzig Jahren – ist nicht mit Atomkraft zu lösen. Die historische Dimension der energiepolitischen Weichenstellungen von heute ist offenbar. Die Welt muss ungefährliche Energien haben, die sicher und bezahlbar sind und die unsere Natur nicht kaputt machen. Und deshalb ist der Weg richtig, den die SPD geht, obwohl er attackiert wird und der Druck zunimmt. Wir sagen zusammen mit den Grünen, nein, wir wollen aus der Nutzung der Atomkraft raus, diese schwierige Situation muss genutzt werden, entschlossener den

Weg der Energieeffizienz und der neuen Energien zu finden und zu gehen. Auch unter Nutzung von Kohle und Gas. Auf der Strecke werden wir Recht behalten.

Ausgangspunkt dieser Diskussion war die Frage, wie Überzeugungen zur Geltung gebracht werden, die dem pragmatischen Handeln zugrunde liegen. Sie haben in Ihrer politischen Laufbahn auch Überzeugungen geändert. Zu Beginn der rot-grünen Regierung galten Sie noch als Betonsozi, dann wurden Sie Befürworter der Reformpolitik.

Da spielen einmal Funktionen eine Rolle, die man hat. Das Sein bestimmt das Bewusstsein, da hat Karl Marx recht gehabt. Aber eigentlich ist die Frage: Was sind Überzeugungen? Überzeugung war für mich und bleibt, dass die Grundwerte Freiheit, Gerechtigkeit, Solidarität richtig sind. Das hat sich nicht verändert.

Verändert hat sich meine Einsicht in die Dynamik des Wandels und in die Konsequenzen für das pragmatische Handeln. Wir brauchten neue Wege. Im Übrigen helfe ich mir da auch mit Bert Brecht. Brecht hat das Dilemma treffend beschrieben in den „Geschichten des Herrn Keuner". Als der Herr K. nach vielen Jahren seinen Freund wieder trifft, sagt der: Sie haben sich gar nicht verändert. Bei Brecht heißt es dann: Und K. erbleichte ...

Damit kann man aber auch jeden Opportunismus rechtfertigen. Ganz konsequent ist das nicht.

Ganz konsequent sind nur Heilige und Verbrecher.

Wir anderen müssen sehen, dass wir verantwortungsbewusst handeln. Das ist menschlich.

Sie gelten als glaubwürdig, andere Politiker nicht. Wie kommt das?

Das ist die große Rätselfrage der Politik. Wie entsteht Vertrauen? Wenn ich wüsste, wie man Vertrauen gewinnt, dann würde ich alle Wahlen gewinnen. Aber ich weiß es nicht so genau. Ein bisschen ist es wie mit der Liebe. Sie packt einen oder nicht. Bei diesem Menschen oder bei einem anderen. Wie kommt das?

Zu den Legenden um Ihre Person zählt der Kurzsatz, Ihre Art, sich sehr knapp auszudrücken. Das wird auf Ihre sauerländische Herkunft zurückgeführt. Ich glaube nicht, dass diese Erklärung ganz stimmt.

Ich habe ein Grundinteresse an Sprache, an der Frage, was sie eigentlich bewirkt. Sprache ist ja eine grandiose Leistung, etwas originär Menschliches. Das (!) Vorzeigeobjekt für Fortschritt. Ein tolles Verständigungsmittel. Aber unvollkommen, das wissen wir auch. Es ist nicht falsch: Eine Geste kann mehr ausdrücken als tausend Worte.

Gedanken und Gefühle sind ein Punkt, um es plastischer zu beschreiben. Worte kommen nacheinander, je nachdem, wie man den Satz baut und ihn betont, haben sie auch noch unterschiedliches Gewicht. Manchmal verraten sie, dass man selbst nicht in der Sache Bescheid weiß, über die man redet. Oder man kann sich anderen nicht verständlich machen, obwohl man selbst gut verstanden hat. Oder man will undeutlich bleiben.

Ich habe sehr viel erlebt und gehört in der Politik. Und oft genug eben, dass die Langredner, Vielredner und vor allem die Kompliziertredner eher etwas vertuschen oder manipulieren. Jedenfalls nicht sachgerecht mit dem Mundwerk die Sache beschreiben.

Sich mit Worten verständlich machen, ist sowieso schon schwer. Da müssen wir es dem, der zuhört, doch nicht noch unnötig schwer machen.

Sie sprechen also ganz bewusst knapp?

Johannes Rau hat mir hin und wieder bescheinigt, dass meine Art zu reden ästhetisch nicht besonders schön ist. Auch grammatikalisch nicht immer korrekt. Das stimmt. Aber die Menschen verstehen, was ich meine. Jeder, der für mich Reden schreibt, kennt das: Jedes überflüssige Wort raus. Das schafft man natürlich nicht. Aber jedes überflüssige Wort macht die Aussage undeutlicher. Das stimmt. Wir schnitzen an einem Baumstamm, wir machen keine Girlanden. Deshalb mag ich Gedichte lieber als Romane. Man darf ja die Pointen auch nicht alle erklären. Wer zuhört, braucht ja Platz, um selbst seine Meinung zu entwickeln. Manchmal wird man durch Reden niedergewalzt, die gar keine Fragen entstehen lassen. Man muss dann nicht selbst denken, sondern nur auswendig lernen. Deprimierend.

Kurz und gut: Sprache ist eine tolle Sache. Wenn sie knapp gelingt, nehme ich lieber in Kauf, wenn das eine oder andere offen bleibt, als die Menschen zu bequatschen.

Der Kurzsatz ist also Ihr Mittel, dem natürlichen Argwohn der Menschen zu begegnen, man wolle sie mit Reden zudröhnen.

Es gibt unterschiedliche Stile zu reden oder zu schreiben. Ich neige dazu, Kästen nebeneinander zu setzen. Ein Satz, ein Gedanke. Mehr kann ich gar nicht in einem Satz sagen und mehr kann auch nicht aufgenommen werden, behaupte ich. Ein Baukastensystem. Die Zuhörer können sich ihr Bild zusammensetzen. Wenn ich in langen Schachtelsätzen rede, dann wird das für die Zuhörer unübersichtlicher, unklarer. Wortspiralen enden bald im Nebel. Ich mag den Barcelona-Pavillon von Mies van der Rohe eben lieber als die Kirchen von Gaudí. Und die Expressionisten und Kubisten lieber als die Romantiker. Vielleicht erklärt das was. Erich Fried und Robert Gernhardt gehen mir eher ein als Hölderlin. Lieber mehr Lakonismus und weniger Phraseologie. So.

Wenn Franz Müntefering in Schachtelsätzen zu uns spricht, dann will er uns also was vormachen?

Na ja. Ich bemühe mich, sie zu vermeiden. Das gelingt nicht perfekt. Schachtelsätze sind leichter zu sprechen. Man muss sich nicht festlegen und die Zuhörer wissen am Ende nicht so genau, was der Redner eigentlich wollte. Er oft auch nicht. Wer Sprache als politisches Instrument der Klarheit und Vertrauensbildung nutzen will, der weiß: Alles Unnötige weg. Es sei denn, genau diese Klarheit will er überhaupt nicht.

Sätze werden klarer, wenn sie knapp sind. Die langen verdecken nur die Wahrheit. Denn die ist kurz.

Die modernen Massenmedien machen das Gegenteil: Das große Rauschen. Kann politische Orientierung überhaupt durchdringen?

Ein großes Problem.

Ja, man kann 24 Stunden fernsehen, im Internet surfen, Radio hören, Zeitung oder Bücher lesen – und wenn man Pech hat, kann man alles in den Mülleimer schmeißen, weil alles überflüssig ist.

Wo ist das Wichtige? Wie findet man heraus, was zu wissen sich lohnt, was man wissen muss? Deshalb sind auch gute Mitarbeiterinnen und Mitarbeiter so wichtig, die einen vor Krimskrams bewahren und die helfen, die Nadel im Heuhaufen zu finden und leeres Stroh zu ignorieren.

Es gibt unendlich viele Informationen, und die Medien tragen manchmal zur Verwirrung bei, weil sie zu schnell und zu lang und zu dick sind und in dieser Gemengelage unpräzise. „Die SPD fordert" heißt dann keineswegs, dass die SPD etwas fordert, sondern dass ein Mitglied der SPD etwas fordert. Und davon gibt es viele. Ich bin immer fasziniert von denen, die viel schreiben oder senden müssen. Manchmal staune ich, dass da nie weiße Flecken bleiben, sondern alle Plätze gefüllt werden. Muss man Worte schreiben, die eigentlich entbehrlich sind und wäre mancher Artikel nicht verständlicher, wenn man diese Worte wegließe?

Trotzdem, unsere Medien sind alles in allem gut, sie sind ein stabiler Faktor in dieser Demokratie. Wir müssen nur lernen, mit dieser Informationsflut umzugehen. Das ist eine Kernfrage unserer Gesellschaft in dieser Zeit.

Man kann Menschen dumm halten, indem man ihnen Informationen vorenthält, so war das vor 145 Jahren. Aber vielleicht auch, indem man ihnen alle Infos der Welt vor die Tür kippt?! Eine völlig neue Herausforderung für die Arbeiterbildungspartei SPD und für die Aufklärung.

Aber wie findet Politik in dieser Informationsflut einen angemessenen Platz?

Wer lehrt in dieser Gesellschaft eigentlich, wie das geht: Sich orientieren? Die Eltern, die Lehrer, das Fernsehen, die Computerspiele, die Communities im Internet?

Ich glaube, dass es ohne Sinnsuche und ohne Sinnfindung und ohne Orientierung im Leben nicht geht. Das ist eine Frage, die über Politik hinausgeht. Politik hat nicht den Lebenssinn zu definieren. Aber das alles berührt Politik und Demokratie doch zentral, denn es bestimmt die individuellen Lebensentwürfe. Wenn wir es nicht schaffen, das Vernünftige des politischen Tuns zu vermitteln, den Menschen zu zeigen, dass es um eine Richtung geht, dann werden sie uns nicht vertrauen. Dann werden sie uns nicht glauben. Deshalb muss Demokratie sich auseinandersetzen mit der Frage: Wer gibt eigentlich den Menschen Orientierung – wo und wie?

Schaffen die Parteien das oder die Kirchen oder die Gewerkschaften oder die Arbeitgeberverbände oder die Medien und welche Medien? Als ich jung war, haben wir zwei politische Fernsehsendungen gesehen, montags eine und die andere, glaube ich, mittwochs. Montags: Bravo! Mittwochs: Buh!

Es gab zwei, drei Zeitungen und Zeitschriften, die alle gelesen haben. Darüber wurde dann geredet. Das passiert mir immer seltener. Vielleicht liegt's ein bisschen an mir. Aber wohl nicht nur.

Aber diesen gemeinsamen Diskussionsstoff liefern Medien heute nicht mehr. Jeder liest, hört oder sieht etwas anderes.

Stimmt. Wenn ich mir einen Packen Zeitungen zum Wochenende nehme, dann finde ich oft so tolle und anregende Sachen, die neugierig machen. Da ist wirklich viel Pulver drin. Aber ich erlebe gar keine Situationen mehr, wo man drüber spricht. Hast du gestern Abend das gesehen? Wann war das denn? Um wie viel Uhr? Welcher Sender? Weiß ich auch nicht mehr. So läuft das ab.

Muss Politik anders sprechen als die schnelle Medienwelt?

Politik hat in dieser Medienwelt nur eine Chance, wenn sie vermeidet, deklamatorische Schlagzeilen in ihre Papiere zu schreiben, die sich anhören wie Werbung, wie Reklameüberschriften. Werbung ist Werbung ist Werbung. Die Fähigkeit, die eigene Position gut und die der Konkurrenz hundserbärmlich zu finden, reicht nicht, auch wenn sie, natürlich, zutreffend ist.

Das wäre eine große Sache für die Parteien: Die politische Sprache und damit das politische Wissen zu qualifizieren.

Die Lassalles und Bebels haben gesagt: Der Freiheit wegen müssen die Menschen Bildung haben. Sie müssen Bescheid wissen. Sie dürfen nicht für dumm verkauft werden. Sie müssen mitreden können. Deshalb hat die Arbeiterbewegung gezielt darüber gesprochen, wie der Mensch ist und wie die Welt ist, wie das Kaiserreich funktioniert und wie die Demokratie. Was man machen muss, damit Freiheit und Gerechtigkeit und Solidarität und Demokratie möglich werden.

Auch meine Generation hat in der Partei noch unglaublich viel gelernt. Dafür bin ich heute noch dankbar. Wenn man in seiner Jugend und später in Seminaren und Gremien immer wieder mit anderen Engagierten darüber sprechen konnte, wie das nun funktioniert in der Politik. Das heißt ja: In der Gesellschaft.

Ich finde, dieses Rinnsal ist dünner geworden. Zu diskutieren und zu klären wäre wichtig. Spreu vom Weizen zu trennen. Demokratie ist eben kein Konsumartikel. Man muss sich dafür anstrengen. Man muss den Menschen Themen geben. Ihnen sagen: Das ist die Aufgabe, und so wollen wir sie lösen. Mit klaren Worten. Langweilig wird das nicht. Aber dazu braucht man eigene politische Sprache.

Gibt es heute in unserer Demokratie Begriffe oder Sprach-
muster, die Sie für problematisch halten, die Sie lieber nicht
hören würden?

Ich bin da tolerant, aber mindestens zwei Begriffe und ein
Vorurteil gibt es, über die ich mich ehrlich ärgere, wenn
ich sie aushalten muss.

Erstens: Humankapital. Gemeint ist der ökonomische
Nutzwert eines Menschen. Wenn superkluge Experten mir
plötzlich was vom Humankapital erzählen und noch glauben, das sei eine wissenschaftliche präzise Formulierung,
wird mir ganz übel und ich weiß, was ich von deren Denken zu halten habe. Humankapital ist das Gegenteil von
Freiheit. Es ist der Sprachschatz derer, deren Philosophie
auch Maxi-Einkommen und Mini-Löhne für menschenwürdig halten. Und nicht wenige quasseln das bedenken-
los nach.

Zweitens: Leitkultur. Ausdruck einer anderen problema-
tischen Denkungsart. Eine typisch konservative Masche,
Wandel zu leugnen, Fortschritt zu verhindern. Leitkultur
passt nicht zur Demokratie, denn sie kann bestenfalls für
die Position der gegenwärtigen Mehrheit stehen, und damit ist sie sehr vergänglich. Ewigkeitswert hat sie jedenfalls
nicht. Spätestens in vier Jahren kann sie wieder ganz anders aussehen. Es sei denn, man erklärt das Grundgesetz
und seine Idee von Menschenwürde und Demokratie zu
unserer Leitkultur. Dann würde ich nicht widersprechen,
allerdings ohne den Begriff zu übernehmen.

Grundgesetz ist klarer als Leitkultur. Und von der steht
auch nichts im Grundgesetz. Immer steckt irgendeine
ewigkeitsträchtige Idee hinter dieser Leitkultur, die viel
mit Tradition, oft mit vordemokratischer Tradition zu tun
hat, aber die grundsätzliche Offenheit einer freien und demokratischen Gesellschaft in Frage stellt.

Drittens: Politik ist ein schmutziges Geschäft und Politiker sind dumm, faul, eitel, korrupt, Geldverschwender, die in die eigene Tasche wirtschaften. Stereotypen, Vorurteile, auf die man rational kaum eingehen kann. Wenn mir das schriftlich begegnet, mache ich oben links in die Ecke ein großes A. Das kann man als Kürzel für Ablage lesen. Wenn das Schriftliche von einer bestimmten Stelle kommt, schreibe ich: „von A". Man kann es natürlich auch anders lesen.

Jeder Mensch mit klarem Verstand weiß nämlich, dass das so nicht stimmt mit den Vorwürfen in ihrer Plattheit und Verallgemeinerung, und ich bin nicht dafür da, dieser Art von Dummdreistheit Geist einzuhauchen.

Dass es einzelne Politiker gab und gibt, auf die solche Vorwürfe zutreffen, darüber müssen wir nicht rechten. Natürlich gab's die und gibt's die. Solange es Menschen gibt, wird es solche geben, die schwach sind oder schwach werden. In allen Berufen. Ganz oben und ganz unten und dazwischen. Mit Politik hat das herzlich wenig zu tun.

Ich gebe zu: Diese Arroganz meinerseits hat ein Risiko. Nämlich wenn zu viele Menschen diese Vorurteile über die Politik und die Politiker glauben. Anders gesagt: Ein paar solche Verirrte kann sich unsere Demokratie leisten. Die Mehrheit dürfen sie nicht bekommen. Dass angeblich nur 10 Prozent der Bürgerinnen und Bürger Politikern vertrauen, ist da kein gutes Zeichen. Aber – auch wenn's Ärger gibt: Das liegt überwiegend nicht an den Politikerinnen und Politikern.

Zwei Fragen zum Faktor Zeit. Ein Kennzeichen unserer Zeit ist ja die unglaubliche Beschleunigung. Sie hat ja auf die Politik einen doppelten Effekt: Sie lässt ihr keine Zeit für ihre Entscheidungen, die ja meist nicht so schnell zu treffen sind, wie wir die Zeitungen drucken. Und sie stellt

gleichzeitig die Demokratie als unglaublich schwerfällig dar.
Wie kann die Politik Zeit für ihre Entscheidungen rekla-
mieren?

Sie muss es und zwar mit Nachdruck. Zeit ist eine faszinie-
rende Sache. Es gibt ja einen großen Teil der Gesellschaft,
der zeitreich ist, der mehr Zeit hat als jemals zuvor. Das
sind die 65-Jährigen plus, eine immer größer werdende
Gruppe. Zehn Jahre länger leben, das heißt 88.000 Stunden mehr Leben. Das ist mehr als alle Berufstätigkeitsstun-
den des ganzen Lebens.

Und es gibt andere, die so verdammt wenig Zeit haben.
Dazu zählen junge Familien zum Beispiel, aber auch viele
im politischen Geschäft. Man darf sich da nicht auffressen
lassen. Man muss sich Zeit erkämpfen.

Wenn mich jemand in der Zeit, als ich Partei- oder
Fraktionsvorsitzender war, gefragt hat, wie das mit dem
Problem X ist und ich darauf sagte: Ich weiß es nicht so
genau, fragen Sie in sechs Wochen oder einem halben
Jahr wieder – wie lautet am nächsten Tag die Überschrift?
Müntefering weiß nicht Bescheid.

Haben Sie denn manchmal gesagt: Fragen Sie in sechs Wo-
chen wieder?

Na ja. Nicht oft genug. Ich habe es immer als Schwierigkeit
empfunden, wenn man sich äußern muss, aber eigentlich
nicht viel mehr weiß als die Überschrift. Ich habe darüber
mit Hans-Jochen Vogel gesprochen, als ich Bundesgeschäftsführer war. Also: Hans-Jochen, ich fühle mich denk-
bar unwohl, weil ich dauernd über Dinge sprechen muss,
von denen ich eigentlich wenig bis nichts verstehe. Ich
bleibe an der Oberfläche. Das ist unbefriedigend.

Und was hat er geantwortet?

Mit großer Ehrlichkeit: Was denkst du, wie oft ich über Sachen sprechen muss, von denen ich fast nichts verstehe. Er hat das besser kaschieren können als ich. Aber sicher wusste er auch mehr als ich, straff organisiert, wie er immer war. Man konnte auch da von ihm lernen. Ich glaube, das ist auch die Zeit gewesen, in der ich persönlich mir dieses Image des verschlossenen Parteisoldaten zugezogen habe, über das ich gar nicht so glücklich war. Aber es ging nicht anders. Wenn man nicht tiefer in den Sachen drin ist, muss man behaupten, feststellen, aber argumentieren kann man nicht wirklich tief genug.

Muss Politik Zeit für sich reklamieren?

Politik braucht Zeit, Muße, sich Gedanken zu machen und so zu Ergebnissen zu kommen. Das gelingt längst nicht immer in dem Maße, wie man es eigentlich bräuchte. Ich hänge für die SPD an den beiden Begriffen: Geschichtswerkstatt und Zukunftswerkstatt. Wir brauchen Rahmen und Gelegenheiten dafür. Zeit zum Nachdenken und Zeit zum Vordenken.

Wir müssen uns mit unserer großartigen Vergangenheit beschäftigen. Ein starkes Stück SPD. Wir dürfen nicht ahistorisch werden und abgeschnitten in der Gegenwart leben. Wir müssen die alte Zeit kennen, wenn wir in der Zukunftswerkstatt nach vorne sehen. Dann können wir auch wieder Visionen formulieren, statt allermeistens im Alltag der Politik hängen zu bleiben. Zeit ist also wichtig, aber es kommt natürlich darauf an, wie man sie nutzt.

Mit Aktionismus erreicht man in der Politik nichts. Das Organisieren von Meinungsbildungsprozessen, das muss eine der Hauptaufgaben von Parteien sein. Aber das erfordert die geschichtliche Tiefe und die Perspektive. Ein konkretes Beispiel: Als ich Parteivorsitzender wurde, habe ich im März 2004 eine Arbeitsgruppe zum Mindestlohn eingesetzt. Damals bin ich gefragt worden, ob ich denn keine Meinung dazu hätte. Ich war tatsächlich unsicher, weil ein Teil der großen Gewerkschaften ja dazu gesagt haben, ein anderer hat nein gesagt. Ich habe alle an den Tisch geholt und wir haben diskutiert und unsere Meinung erarbeitet.

In dieser Zeit gab es manchen hämischen Kommentar, nach dem Motto: Wenn ich nicht mehr weiter weiß, dann gründ ich einen Arbeitskreis. Da hat er eine Kommission angefangen, die arbeitet schon drei Monate und sie wissen immer noch nicht, was sie wollen. Nach einem dreiviertel Jahr waren wir soweit, dass wir uns verständigt hatten, was wir vom Mindestlohn halten. Es hatte sich gelohnt.

Ein treffendes Beispiel für den immer wieder entstehenden Eindruck, dass die Politik, die Demokratie eine schwerfällige Veranstaltung ist.

Kann man so sehen, schwerfällig. Man kann aber auch sagen: Verantwortungsvoll sorgfältig. Das trifft es genauer. Lernen kann man aber daraus.

Denn man hat ja die Chance, frühzeitig Klärungsbedarf zu erkennen und mit dem Meinungsbildungsprozess zu beginnen, statt zu warten, bis Feuer unterm Dach ist.

Es ist so unendlich wichtig, dass wir in Deutschland, in Europa beweisen, dass Demokratie rechtzeitig handlungsfähig ist, dass sie Wohlstand sichert und mutig auf die Zukunft zugeht. Das heißt aber, dass sie rechtzeitig nachdenken, rechtzeitig das Neue aufnehmen muss. Gute Politik darf die Zeit nicht verschlafen, in der falschen Annahme, alles sei sicher und morgen sei auch noch ein Tag zum Anfangen.

3. Sicherheit durch Wandel

Sie sagen: Wir dürfen nicht stillstehen. Viele Menschen haben das Gefühl, dass ihnen schon zu viele Veränderungen abverlangt worden sind. Wann stand Politik, wann stand sozialdemokratische Politik vor vergleichbar schwierigen Aufgaben?

Abverlangen? Wir verlangen den Wandel, die Veränderung nicht ab – sie sind da. Wir knicken nicht leichtfertig alte Sicherheiten, wir justieren die Sicherheit neu.

Ich will nicht vergleichen mit Zeiten von Obrigkeitsstaat, Diktatur und Krieg. Aber die Herausforderung, die Aufgabe der Sozialdemokratie, für die Sozialdemokratie weltweit und hier, ist nicht geringer: Heute leben 6,3 Milliarden Menschen, im Jahr 2050 werden 9,1 Milliarden Menschen auf unserem Globus leben, die Essen, Arbeit und Wohlstand wollen.

Wie kann man in einer Welt, die eine so ungeheure Dynamik hat, die Menschenwürde sichern? Ich glaube, dass viele Menschen diese Fragen bewusst oder unterschwellig kennen. Sie wissen auch, was nicht geht: Wir kümmern uns um uns, die anderen sollen sich selbst um sich kümmern. Egozentrik ist verantwortungslos, und sie wäre auch gefährlich. Die Ausläufer der internationalen Fragen und Probleme erreichen uns ja längst.

Das alles darf nicht ablenken von den aktuellen Sorgen der Menschen hier in Deutschland. Von ihrem Wunsch auf höchstmögliche Sicherheit. Aber wir müssen mit ihnen ehrlich und offen die Bedingungen dafür diskutieren. Und wir dürfen auch nicht so tun, als könnten wir das zudecken mit einigen harmlosen kleinen Veränderungen.

Überfordert das nicht viele Menschen?

Es fordert heraus, ja. – Aber es hilft auch. Wenn wir heute bloß über Arbeitslosengeld I reden und morgen und übermorgen über die nächsten Details, dann verbreitet sich die Scheinwahrheit und -sicherheit: Eigentlich haben wir das Ganze im Griff.

Nein, das haben wir nicht. Und große Anstrengungen sind nötig, um diese Aufgaben zu bewältigen. Wir Politiker müssen darum kämpfen und dafür werben.

Ich komme noch mal zurück auf 1972, auf die Ostpolitik von Willy Brandt – sie war kurz vor dem Scheitern und die Mehrheit im Bundestag verloren, die SPD fast am Ende mit ihrem Latein. Und dann ist die neue Ostpolitik durchgekämpft worden. Es war ja nicht so, dass sie damals populär war. Im Gegenteil sie ist heftig bekämpft worden. Brandt wurde als vaterlandsloser Geselle beschimpft. Die Gesellschaft war polarisiert. Wir haben gestanden, und heute ist das alles selbstverständlich.

Nur mit solcher Haltung werden wir ein soziales Europa schaffen können, den Wandel gestalten. Für die richtige Sache streiten, sie populär machen. Darum geht's.

Das Wort vom Ende des sozialdemokratischen Jahrhunderts ist über 20 Jahre alt. Und stimmt es nicht? Der sozialdemokratische Emanzipationsgedanke hat dem alten Kapitalismus Demokratie und soziales Sicherheiten abgetrotzt. Mission erfüllt, die SPD kann abtreten?

Nein, die Sozialdemokratie wird gebraucht. Wir haben viel erreicht, aber sicher ist nichts. Ralf Dahrendorf hat seine These vom Ende des sozialdemokratischen Jahrhunderts mit einer Erfolgsbilanz verbunden. Die SPD habe alles er-

reicht, allgemeines Wahlrecht, Achtstundentag, Kranken-
versicherung und so weiter.

Aber jede Zeit braucht ihre Antworten, hat Willy Brandt
gesagt. Also: Die Bedingungen heute sind anders als vor
145 Jahren, auch anders als vor 20 Jahren. Der Prozess ist
eben ein Prozess. Der Bedarf an Sozialdemokratie ist endlos.

Der moderne Kapitalismus, zumindest bei uns in
Deutschland, kennt keine Kinderarbeit und keinen 12-Stun-
dentag an lauten, heißen, gefährlichen Maschinen.

Aber er untergräbt die Achtung vor dem Ethos des guten und anständigen Unternehmers, der natürlich Profit
machen will, sich aber auch verantwortlich weiß für die Arbeitnehmer in seinem Betrieb, der auch stolz darauf ist,
dass seine Stadt auf ihn stolz ist. Der weiß, dass er nach-
haltig denken und wirtschaften muss. Werner von Siemens
hat einmal gesagt, dass er für augenblicklichen Erfolg doch
nicht die Zukunft seines Unternehmens in Frage stelle.
Werner von Siemens! Genau das passiert aber, wenn das
Geld nicht mehr Zahlungsmittel ist, sondern Produkt, dessen kurzfristige Vermehrung das absolute Ziel ist. Das
macht Angst. Die Situation braucht Regeln. Damit es Sicherheit gibt.

*Nach einem Jahrzehnt sinkender Einkommen, wegrationali-
sierter Arbeitsplätze, der Marktliberalisierung und tiefgreifen-
der Reformen fragen die Menschen eher nach Sicherheiten als
nach Veränderung.*

Ja, und auch darauf müssen wir Antwort geben. Sicherheit
wollen ist menschlich. Aber absolute Sicherheiten gibt es
nicht. Und die größtmögliche Sicherheit erreicht man
nur, wenn man den Wandel gestaltet. Wer sich auf diese
Prozesse der Veränderung nicht einlässt, der wird am
Ende verlieren.

Wenn wir, als Beispiel, Sicherheit im Alter wollen, dann müssen wir die Alterssicherung auf weitere Säulen stellen. Wenn wir gleichzeitig den Wohlstand hochhalten können, weil wir viel in die Köpfe (und in die Herzen!) der Jungen investieren, dann können wir materielle Sicherheiten auf hohem Niveau auch für die künftig Alten schaffen. Sicherheit hat Bedingungen.

Und ohne die Bereitschaft zu Veränderungen wird es nicht funktionieren. Wir können die Organisation der Dinge nicht so lassen wie sie war, weil die Dinge nicht mehr so sind wie sie waren. Sicherheit gibt es nur durch die Gestaltung des Wandels.

Erleben wir derzeit nicht das Gegenteil: eine nostalgische Sicherheitssehnsucht, auch auf dem Hintergrund der Unternehmensskandale?

Je ungewisser die Perspektive, umso verklärter der Blick zurück. Das ist menschlich. Trotzdem muss die Politik kühlen Kopf bewahren.

Zu den Unternehmensskandalen bei Siemens, Telekom, Lidl: Sie bestärken viele Menschen in ihrem Eindruck, dass sie sich anstrengen und verändern sollen, während einige andere keinerlei Verantwortung übernehmen. Das ist eine Verunsicherung, eine Provokation, die die Suche nach einer vernünftigen und für die Menschen akzeptablen Politik erschwert.

Diese Skandale in diesen Unternehmen sind wirklich ein Schlag gegen die Demokratie. Denn eine demokratische Gesellschaft ist angewiesen auf die Moral ihrer Mitglieder, gerade der einflussreicheren Mitglieder, wie es solche Unternehmen nun mal sind. Man kann kein Gesetz völlig gegen Missbrauch abriegeln. Deshalb lebt eine Demokratie auch davon, dass sie auf Maximen gründet, an die sich gerade die Mächtigen halten müssen, die ihre Macht nicht auf Zeit und von den Bürgern erhalten haben und die deshalb nicht abwählbar sind.

Was erwarten Sie von den Mächtigen der Wirtschaft?

Ich erinnere mich an einen alten Vorgang: In den 1970er Jahren gab es in der SPD einen Maklerbeschluss. Der hieß, dass man mit Maklern nicht mehr sprechen dürfe, weil sie die Wohnungsnot mit ihrer Gier ausnützten. Ich war damals in der Städtebaupolitik tätig und kann mich an eine Konferenz erinnern, bei der ich etwas dazu beitragen konnte, den Maklerbeschluss zu kippen. Der Ring Deutscher Makler hatte sich nämlich selbst ein Gütezeichen geschaffen, das nur bekam, wer sich in der Branche an bestimmte Regeln hielt. Das hat damals Wirkung gehabt. Das wäre mindestens auch heute von der deutschen Wirtschaft zu erwarten: Die schwarzen Schafe im eigenen Stall kenntlich machen. Oder zunächst mal die weißen, damit man Weiß von Schwarz wieder unterscheiden kann.

Die gesellschaftliche Verantwortung der Unternehmen muss von diesen selbst wahrgenommen werden. Das ist besser, als wenn die Politik mit Vorschriften dies erzwingen muss. Nötigenfalls muss sie es trotzdem.

Weiß die Wirtschaft das, und verträgt sich Moral mit ökonomischem Denken?

Wer glaubt, man könne Wirtschaft ohne Ethik und Moral organisieren, irrt sich und wird scheitern, auch ökonomisch. Der Sozialpolitiker, der nicht weiß, dass er auf den Erfolg der Wirtschaft angewiesen ist, ist ein Illusionist. Aber der Unternehmer, der nicht weiß, dass er auf Demokratie und soziale Balance angewiesen ist, ist auch kein Realist. Das Soziale hat der Marktwirtschaft erst zum Erfolg verholfen und hat sie nicht etwa gebremst und bedroht. Noch schlimmer der Unternehmer, der sehenden Auges gegen Gesetze verstößt: Er zerstört Vertrauen in die Wirtschaft und in die Demokratie.

Viele Menschen erwarten vom Staat die ausgleichende Gerechtigkeit gegen die Willkür von Wirtschaft und Unternehmen.

Da sind wir wieder bei der angeblichen Allmacht der Politik, die in Wirklichkeit nur Omnipotenzgebaren ist.

Aber es stimmt: Auch der Gesetzgeber muss sich den Kopf noch einmal zerbrechen, wenn es um solche Willkür und Rechtsverstöße geht. Wir wissen aber auch, dass es erfolgreiche Sozialpolitik ohne eine erfolgreiche Wirtschaft nicht geben kann. Soziale Gerechtigkeit auf dem hohen Niveau, das ja alle wollen, wird nur erreichbar sein, wenn unsere Gesellschaft auch ökonomisch erfolgreich ist. Es kann deshalb auch nicht um ein generelles Misstrauen und eine Kasteiung des Unternehmertums gehen. Im Gegenteil! Wir brauchen mehr Unternehmergeist. Mehr Lust auf Existenzgründung.

Wir dürfen nicht denen nachlaufen, die eine illusionistische, unternehmensfeindliche Politik machen. Eine Politik, die in unsere Zeit nicht passt und deshalb Gerechtigkeit mittel- und langfristig nicht garantieren kann. Wir wollen erfolgreiche anständige Unternehmen. Wir brauchen sie und es gibt sie ja auch in großer Zahl. Sie haben unser Wohlwollen und unsere Unterstützung.

Politik kann heute wenig Versprechungen machen, sie muss auch über Zumutungen offen sprechen.

Zumutungen? Ist die Realität eine Zumutung? Wir sagen klar, dass erfolgreiches Wirtschaften für die Qualität des Sozialstaates wesentlich ist. Diese Verbindung, diesen gesamtpolitischen Ansatz, den muss sozialdemokratische Politik leisten. Wir sind da nicht schlecht. Aber tatsächlich: Offensiver wäre besser.

Die SPD hat in den 1990er Jahren die Verhältnisse nicht realistisch beurteilt und lange mit den Reformen gezögert.

Das stimmt für damals. Aber wir sind ja inzwischen ein ganzes Stück weiter. Wir können ja heute nachweisen, dass unsere Reformen richtig und erfolgreich waren. Und dass wir klüger geworden sind, das spricht doch für uns. Und die Erfolge tun es auch.

1998 sind Sie auch für das Versprechen gewählt worden, die sogenannten Kohlschen Grausamkeiten zurückzunehmen. Die waren viel weniger einschneidend als Schröders Reformen.

Entscheidender für den Wahlausgang 1998 waren damals zwei Dinge: Kohls Zeit war vorbei, aber er hat sich bereitwillig an den Abgrund gestellt, statt Schäuble zu lassen. Und: Innovation und Gerechtigkeit – wir haben Aufbruch zu neuen Ufern versprochen. Das wollten die Menschen auch.

In den Jahren seitdem ist viel gelungen. Wir haben die staatlichen Kassen konsolidiert. Die Arbeitslosigkeit ist deutlich gesunken. Wir haben wirklich etwas in Bewegung gesetzt für die frühkindliche Bildung und Erziehung und Ganztagsschulen. Die Mittel für Forschung und Entwicklung wurden aufgestockt.

Das alles haben Gerhard Schröder und die rot-grüne Regierung in Gang gesetzt, die große Koalition hat es fortgesetzt. Zu Beginn der großen Koalition haben wir die Kombination von Sanieren und Investieren geschafft: Eine vernünftige, sparsame Haushaltspolitik und gleichzeitig die staatlichen Impulse für Wachstum und neue Arbeitsplätze. Besonders die fünf Jahre seit 2003 waren für Deutschland außerordentlich erfolgreich, eine gute Basis für eine sozial gerechte Gesellschaft. Eine Basis, aber noch nicht mehr.

Nach den Schröder-Reformen sehnen sich gerade die Anhänger der SPD nach einer eher linken Politik, die nach unten umverteilt.

Ja, es gibt neue Verteilungsprobleme. Nein, es ist nicht in Ordnung, wenn sich Leute in unermesslicher Weise das Geld in die Taschen schaufeln. Nein, es ist nicht akzeptabel, wenn Löhne unterhalb von Sozialhilfe und Existenzminimum liegen. Über diese Entwicklungen kann und muss man sich empören. Aber es ist überhaupt nicht links, wenn man sich in der Empörung erschöpft. Wenn man den Betroffenen das Unrecht erklärt, aber nicht den realistischen Ausweg zeigt. Wenn man deren Sorgen und Not parteitaktisch instrumentalisiert. Man muss die politischen Antworten geben. Auch wenn sie anstrengend sind.

Hans Jonas hat vor fast 30 Jahren von der Verantwortung für morgen gesprochen. Das stimmt immer noch. Wenn wir heute handeln, dann schließt das die Verantwortung für die nächsten Generationen ein. Wir sind keine Hellseher für die nächsten zehn oder zwanzig Jahre. Aber bestimmte Dinge kann man eben sehr gut sehen und sich darauf vorbereiten.

Wir wissen: Wenn wir nicht auf hohem ökonomischen Niveau bleiben, dann wird uns über kurz oder lang das Geld für eine sozialstaatliche Politik fehlen, ohne die es Gerechtigkeit, wie wir sie wollen, in unserem Land nicht geben kann.

Sehr offensiv ficht die SPD dafür heute nicht.

Die Stimmung im Land ist eher eine andere, richtig. Auch die SPD lässt sich davon beeindrucken. Insgesamt bin ich aber zuversichtlich, was die Rolle der SPD angeht. Sie bleibt treibende Kraft.

In der Parteiengeschichte ist es immer so gewesen, dass die Konservativen sich dadurch ausgezeichnet haben, erhalten zu wollen, was da ist. Ihre Vorstellungswelt ist statisch; sie haben ein erstarrtes Bild vom Menschen und von der Gesellschaft. Sie denken weniger prozesshaft als Sozialdemokraten, die den Fortschritt suchen, die Dinge ändern und verbessern wollen. Die sozialdemokratische Art ist natürlich anstrengender, auch riskant, man muss die Dinge neu ordnen und sich sogar selbst dabei ändern. Das ist genau die Situation, in der wir jetzt sind.

Der Wandel fordert die SPD heraus. Ökonomisch erfolgreich bleiben wir nur, wenn wir uns einstellen auf die Herausforderungen. Wenn wir investieren in die Zukunftsfähigkeit unseres Landes, vornean in die Bildung, Qualifizierung, Forschung und Entwicklung. Wir leben länger, wir werden gesund älter, wir haben weniger Kinder, wir sind eine schrumpfende Erwerbsgesellschaft und werden eine schrumpfende Bevölkerung werden. Das Tempo nimmt zu, die Welt wird eine einzige Stadt, Grenzen fallen. Vor alldem muss man keine Angst haben, wenn wir es schaffen, für diesen Wandel einen neuen Gesellschaftsentwurf zu machen, der engagiert und gelassen Antwort darauf gibt.

Die neue Partei Die Linke hat ein schlichtes Programm: eine 100-Punkte-Forderungsliste.

Als ob das links wäre. Diese neue Partei ist ganz schön konservativ und langweilig. Wir laufen nicht denen nach, die da ohne jeden Mut, teils verlogen, nach Rezepten von vorgestern weitermachen wollen und die Deutschland unweigerlich in die Sackgasse führen würden, wenn die Wähler sie denn ließen.

Das hat Willy Brandt gemeint, als er von der Höhe der Zeit gesprochen hat, auf der man sein muss. Unsere Reformen entsprechen seinem Satz: Jede Zeit braucht ihre Antworten. Eine Binsenweisheit. Ja. Aber gerade Binsenweisheiten, also Selbstverständlichkeiten, die jeder ohnehin kennt, darf man doch nicht ignorieren. Den Populisten widersprechen reicht aber nicht. Das wissen wir. Also handeln wir und versuchen zu überzeugen. Sicherheit durch Wandel.

4. Der neue Gesellschaftsentwurf

Warum plädieren Sie für einen neuen Gesellschaftsentwurf?

Gesellschaftsentwurf, das ist der politische Entwurf für die Zukunft unserer Gesellschaft. Die Vorstellung davon, wie unser Zusammenleben aussehen soll in unserem Land. Die Lebensumstände verändern sich stark: Totale Mobilität, Informationsflut, Geburtenkontrolle, längeres Leben, Integrationsprobleme, Flexibilisierung der Arbeitswelt, Bevölkerungs-explosion in Teilen der Welt, permanenter Qualifizierungsbedarf, die Suche nach der sozialen Ordnung Europas. Auch: Der Mangel an orientierender Autorität in den Demokratien. Das und manches andere führt dazu, dass die individuellen Lebensentwürfe sich ändern. Das verändert auch die Gesellschaft.

Dies ist der Punkt, an dem Politik handeln muss. Politik darf nicht die individuellen Lebensentwürfe der Menschen bestimmen. Aber sie muss versuchen, ein vernünftiges Zusammenleben der Gesellschaft zu sichern. Der Gesellschaftsentwurf ist die Verbindung zwischen dem, was sich die Menschen, jede und jeder für sich, für ihr Leben zum Ziel setzen und den Maximen, die eine demokratische und soziale Gemeinschaft braucht.

Die Politik muss den Blick nach vorn richten. Das ist ihre Verantwortung, die sie gegenüber den Menschen hat. Auch für die, die in 20 Jahren oder später in unserem Land leben.

Ich vereinfache einmal: Die alte Bundesrepublik war eine Gesellschaft, in der die Menschen in relativ überschaubaren sozialen Gruppen, Klassen oder Schichten gelebt haben. Je-

der wusste: Die Interessen sind verschieden, aber wir haben mit dem Sozialstaat, der sozialen Marktwirtschaft, der Tarifautonomie die Mittel in der Hand, um Konflikte auszutragen und Interessen auszugleichen. Ist die soziale Differenzierung, die Individualisierung der springende Punkt für Ihre Überlegung?

Die Individualisierung ist eine Erfolgsgeschichte. Das wollten wir Sozialdemokraten ja erreichen, als wir Massenelend und Massenarmut den Kampf ansagten. Jeder Mensch soll menschenwürdig leben können. Der Mensch im Mittelpunkt. Wir wollten, dass es den Menschen besser geht, dass viele die Chance haben, aufzusteigen und ihren eigenen Weg zu gehen. Und das gilt weiter. Das Individuum zählt.

Individualisierung wird oft als Synonym für Entsolidarisierung gesehen und bedauert. Das ist Unsinn. Starke, freie, souveräne Individuen sind eher zur Solidarität fähig. Und der Weg geht weiter.

Das alles sind keine neuen Erscheinungen in der Geschichte unserer Gesellschaft.

Nein, aber die Schlaggeschwindigkeit ist höher und die Wucht der Veränderungen ist größer geworden. Das Statische kleiner, das Dynamische bestimmender.

Das Frustrationsniveau ist hoch, das Vertrauen in die Politik geschrumpft, letztlich auch das in die Demokratie. Es ist aber falsch, das Dilemma auf die Unfähigkeit oder Liederlichkeit von Politik zurückzuführen. Es geht um die Dimension der Aufgabe. Gleichwohl: Sie kann gemeistert werden. Angst und Verzagtheit helfen dabei nicht.

Die Menschen fragen nicht nach Entwürfen oder Visionen,
sie stellen Fragen nach der Qualität konkreter Politik.

Ja klar. Diese konkrete Politik muss aber auch den Blick
nach vorn haben, ein schlüssiges Bild auf die ganze Gesellschaft heute und morgen bieten, wenn die Menschen sie
akzeptieren sollen.

Kann man die konkreten zentralen Felder aus einem solchen
Gesellschaftsentwurf knapp durchbuchstabieren?

Ja, sicher. Allerdings nicht nur mit festen Forderungen und
Ausrufungszeichen. Dies ist ja auch kein detailliertes
Handlungsprogramm. Fragezeichen gibt's da auch noch
viele. Aber es geht.

Neue Dynamik und Mobilität

Ist das Tempo der Veränderungen selbst Teil des Wandels?

Ja, heute ist die Dynamik sehr viel größer. Was vor vierzig oder zwanzig Jahren noch Lebenswirklichkeit war, ist schon verschwunden. Ich nenne einige kleine Aspekte. Aber sie sind typisch. Vor vierzig Jahren war es noch ein Stigma, wenn man im Dorf das „uneheliche Kind" war. Minderheiten wie die Homosexuellen waren gesetzlich und sozial diskriminiert. Das Telefonat in die 20 Kilometer entfernte Stadt war noch ein Ferngespräch und musste beim „Fräulein vom Amt" angemeldet werden. Als ich an der Schreibmaschine asdf – jklö gelernt habe, gab es noch kein Tipp-Ex. Heute braucht man kein Tipp-Ex mehr. Auf die „Gastarbeiter" wurde herabgeschaut wie auf Exoten. Seitdem hat sich hier und überall viel getan. Nicht von allein. Sondern weil wir eine liberale, wohlhabende, technisch fortschrittliche, freie Gesellschaft wollten und sie geschaffen haben.

Die Welt hat sich verändert und verändert sich rasch weiter. Und wir sind Teil davon. Wenn wir auf das letzte Jahrhundert zurückblicken, dann bleibt neben allem Schrecken und allem Fortschritt die durchschlagende, historische Veränderung: Das war das Jahrhundert der Mobilität. Menschen, Güter (einschließlich Waffen), Informationen können schnell rund um die Erde transportiert werden. Das macht die Welt zu einer einzigen großen Stadt. Viel mehr ist möglich. Viel mehr darf man hoffen. Viel mehr kann man befürchten.

Folgt dem technischen Fortschritt der humane, soziale Fortschritt? Den braucht die Welt unbedingt. Denn ohne ihn kann Fortschritt unsicher machen.

Und das gilt generell:
Wo finden die Menschen Bodenhaftung in dieser Welt?
Sind sie irgendwo zu Hause und sich ihrer gewiss und
ihrer Zukunft im menschenmöglichen Maße sicher?

Überfordern solche Fragen Politik nicht grundsätzlich?

Politik kann die Sinnfragen im letzten nicht beantworten.
Aber sie muss sie kennen. Sie darf in solchen Zeiten doch
nicht nach dem Motto leben: Das war schon immer so, das
bleibt auch immer so, da kann ja jeder kommen. Der Wandel ist doch offensichtlich.

Das alles kann gemeistert werden. Zuversicht in die Gestaltbarkeit der Dinge ist erlaubt. Auch nötig. Aber wir
müssen darüber reden. Das Nicht-Sprechen führt zu Unsicherheit und Ängstlichkeit. Und dazu, dass man sich an
das Altbekannte klammert, auch wenn es keinen Bestand
mehr haben kann.

Es geht um die Vereinbarung der Menschen in diesem
Land: So wollen wir künftig in dieser Welt, in unserem
Land zusammenleben. Wenn wir darauf Antworten suchen
und mindestens Teilantworten finden, dann macht das
auch Mut. Wer Perspektiven und Zusammenhänge kennt,
kann sich bewegen und ist nicht gelähmt.

*Geht es auch um Einstellungen und Haltungen, die sich än-
dern müssen?*

Die Werte bleiben, hoffentlich. Bewährte Strukturen auch,
zum Beispiel die unserer Demokratie und unseres Sozialstaates. Es geht nicht um die Umkehrung aller Dinge,
nicht um Brüche. Es geht um die Fortentwicklung, um
mutige Schritte. Aber das ist schon Herausforderung genug.

Fortschritt durch Innovation, das darf man nicht nur festmachen an den technologischen Entwicklungen, über die wir so viel diskutieren. Autos ohne Benzin, weltweite Informationsnetze, Energiesparen – alles wichtig. Aber wir brauchen auch gesellschaftliche Innovationen. Also zeitgemäße Einstellungen und Haltungen, nach denen Sie fragen. Und mehr Demokratie wagen ist auch immer noch gefordert.

Es ist keine Selbstverständlichkeit, dass die Zukunft demokratisch ist. Denn sie hat ein Problem, unsere Demokratie. Sie denkt zu oft in Legislaturperioden. In vier Jahren wird wieder gewählt. Das begrenzt das Denken.

Ein Beispiel?

Wir haben in der Koalition beschlossen: Im Jahr 2010 soll Deutschland insgesamt 3 Prozent des Bruttoinlandsprodukts für Forschung und Entwicklung ausgeben. Lob gibt es dafür übrigens kaum. Das sind allein auf der Bundesebene 6 Milliarden Euro mehr als vor acht Jahren. Wir können nicht garantieren, dass mit diesem Geld für unser Land eine große Dividende gesichert wird. Klar ist aber: Wenn wir diese Anstrengung nicht machen, werden wir in zehn oder zwanzig Jahren große Wissens- und Entwicklungslücken haben. Und das geht auf Kosten unseres Wohlstands. Das mit Sicherheit. Damit auf Kosten des Sozialstaates und auf die der Gerechtigkeit im Lande.

Wir müssen heute Entscheidungen treffen. Die Chancen nutzen. Ohne Garantien für die Zukunft. Ich muss den Rentnern heute sagen: Ja, wir könnten die Rente erhöhen, wenn wir diese sechs Milliarden für Rentenzahlungen nehmen. Aber wir geben sie euch nicht. Wir geben sie euren Enkelkindern, damit die eine Chance haben, sich ihr Leben im Wohlstand aufzubauen. Und das Wissen und die Bildung eurer Enkel ist auch die größte Sicherheit, die wir denen geben können, die nach euch Rentner werden. Ich erlebe mehr Beifall als Widerspruch, wenn ich das sage. Aber es wird zu selten gesagt.

Demokratie und Wohlstand

Wo sehen Sie die zentralen Felder eines neuen Gesellschafts-entwurfs?

Die wichtigsten? Das Erste: Wohlstand dauerhaft sichern in globalisierter Wirtschaft. Geschenkt wird uns da nichts. Wir sind nicht Exportweltmeister durch Naturgesetz. Wir sind Hochleistungsland und müssen das bleiben. Müssen gut sein, müssen sehr gut sein.

Wir wollen eine weltoffene Wirtschaft und müssen ein offenes Land sein für die Weltwirtschaft. Das ist das Prinzip. Aber das geht nur in Schritten, die unseren nationalen Interessen entsprechen.

Das klingt aber protektionistisch. Deutschland soll profitieren, die anderen sind die Dummen. Funktioniert das noch?

Nein, so ist das ja auch nicht. Alle profitieren. Es geht um die richtige Balance zum Nutzen aller. Wenn aus ärmeren Ländern Handelspartner werden, nutzt das allen Seiten. Nicht aber, wenn aus Lokomotiven bequeme Speisewagen oder müde Anhänger werden. Wir sind Lokomotive. Wollen es bleiben. Müssen es bleiben.

Und wir haben es doch in Europa erlebt und erleben es. Der Wirtschaftsraum verdichtet sich und prosperiert, auch weil die ärmeren Länder aufholen können. Ich erinnere mich noch an die Besorgnisse, als Spanien und Portugal dazu kamen. Längst vergessen. So wird das auch mit Mittel-/Osteuropa sein. In der EU leben aber nur 500 Millionen der über 6,3 Milliarden Menschen.

Muss die Welt teilen oder muss sie wachsen, damit auch die
Schwellenländer und dann die Entwicklungsländer solche
Handelspartner sein können?

Teilen im Wachsen. Klug. Wer glaubt, wir könnten unseren Wohlstand halten und mehren, während die vielen
Menschen in der Welt um ihre blanke Existenz kämpfen
müssen, der irrt. Not ist auch Nährboden für Gewalt. Mindestens dieses Argument sollten alle begreifen. Es ist vernünftig zu helfen. Menschlich sowieso.
   Die Arbeit wird uns dabei nicht ausgehen. Auch uns in
Deutschland nicht. Auch weil wir die richtige Mischung
aus Industrieland und Wissens- und Dienstleistungsgesell-
schaft sind.

Der produzierende Teil schrumpft.

Er behält hohes Niveau. Auch weil wir qualitativ immer
besser werden. Die deutschen Unternehmer und die deutsche Facharbeiterschaft sind klasse. Wir sind Industriege-
sellschaft und müssen das auch sein wollen, denn da realisiert sich technischer Fortschritt und generiert sich
Wohlstand.
   Mir fällt da immer zuerst der Kohlebergbau ein. Wenn
die Kumpel über Tage kommen, nach der Schicht, sehen
sie aus wie eh und je. Aber unter Tage arbeiten sie in allem
Staub und Dreck mit Hochleistungstechnologie, gigan-
tisch, präzise, sicher. Ein Können, was der ganzen Welt
nutzt. Die Hochleistungsfähigkeit identifiziert sich nicht
am weißen Kragen.

Wir reden hier überwiegend über Exportchancen. Export hat
immer auch Risiken. Die Euro-US-Dollar-Relation zeigt

uns das drastisch. Brauchen wir nicht Stabilität auf hohem Niveau beim Binnenmarkt?

Wohl wahr. Aber nicht einfach zu bewerkstelligen. Vieles an Grundbedarf ist befriedigt. Die Gesellschaft wird älter. Die Sparquote ist hoch. Und wir sagen den Menschen ja auch: Sorgt vor fürs Alter.

Bei den unteren Einkommensgrenzen kann mehr Kaufkraft helfen, bei den anderen vor allem Zuversicht, was die Zukunft angeht und Sinn für Lebensqualität, möchte fast sagen: Lebenslust.

Zuerst unten: Woher mehr Kaufkraft?

Arbeit, Löhne, Grundsicherung, Transfers, zum Beispiel für Familien. Auch Mindestlöhne haben diesen Aspekt.

Was meinen Sie mit Sinn für Lebensqualität?

Bildung, Gesundheit, Kultur, Wohnen, Mobilität, Freizeit. Es lohnt sich, da privat zu investieren, auch weil länger lebt, wer gut lebt.

Das setzt Zuversicht in die Zukunft voraus, die Sie erwähnt haben.

Ja. Wissen, wohin die Reise geht. Die Risiken nüchtern einschätzen, vorbeugen, aber auch die Chancen sehen. Und sie verstärken. Vor allem: Aktiv auf die Zukunft zugehen. Zuversicht haben in die Gestaltbarkeit der Dinge. Und was dafür tun.

Kann die Politik dafür etwas tun, oder ist das nur Privatsache?

Überwiegend. Aber Mut machen darf die Politik schon. Und ihren Teil zur Lebensqualität beitragen. Wir leben ja in Deutschland nicht nur in hohem Maße auf Pump, sondern auch von der Substanz. Unsere Infrastrukturen können Investitionen gut gebrauchen. Öffentliche Gebäude, Schulen, Kindergärten, Universitäten, Kanäle, Brücken, Tunnel, Straßen, Schienen, Wege, Bäder, Sportanlagen. Und die Energieeffizienz der öffentlichen Gebäude braucht auch dringend einen energischen Schub. Das gibt Arbeit. Vor allem fürs Handwerk. Gibt gutes Klima und es amortisiert sich. Arbeit geht nicht aus, nein. Und es bleibt deshalb wahr: Nur ganz Reiche können sich einen armen Staat leisten.

Ist Arbeit der Schlüssel für den Wohlstand?

Für den Einzelnen und für die Gesellschaft. Die gute Arbeit, ja: Arbeit für alle, ehrlicher Lohn, Arbeitsschutz, Vereinbarung von Familie und Beruf, Arbeitnehmerrechte, Ausbildung und Qualifizierung. Jeder Mensch hat das Recht auf Arbeit. Deshalb wollen wir Vollbeschäftigung. Arbeit muss menschenwürdig sein. Deshalb wollen wir Gute Arbeit. Das ist das Credo der Sozialdemokratie. In Deutschland und in Europa.

Auch in ganz Europa muss die soziale Ordnung – und damit gute Arbeit – gelingen. Das ist Bedingung für den Erfolg dieser wahrlich historischen Chance: Europa als dauerhafte, stabile Friedens- und Wohlstandsregion, demokratisch. Europa kann zeigen, dass Demokratie den Herausforderungen der globalisierten Wirtschaft am besten gerecht wird. Und die Menschen werden Europa akzeptieren, wenn seine ökonomische Stärke sich mit sozialer Verantwortung verbindet.

Sozialstaat und soziale Gesellschaft

Wird der deutsche Sozialstaat überflüssig? Soll Europa dessen Aufgabe übernehmen?

Nein. Die 27 Mitglieder der EU – oder wie viele es dann sein werden – behalten die Hauptverantwortung für das Soziale. Deutschland muss Sozialstaat bleiben. Originär. Auch in Zukunft muss gesellschaftliche Solidarität organisiert und im nationalen Rahmen Gerechtigkeit angestrebt werden. Und das leistet Sozialstaat. Er wird eher wichtiger. Alle Mitglieder einer Gesellschaft müssen sich an diesem großen Risikoausgleich konstruktiv und ihren Möglichkeiten entsprechend beteiligen. Sozialstaat heißt erstens Pflichten, zweitens Rechte. Für alle! Rentenversicherung für alle ist logisch. Bürgerversicherung auch. Auch wenn die Gegner dieser Idee deren Dialektik nicht verstehen wollen und sie zu diskreditieren versuchen. Es ist schon so: Die gemeinsame Versicherung aller gegen existenzielle soziale Notlagen ist Ausdruck von mehr Freiheit, nicht von weniger.

Sozialstaat macht allerdings die soziale Gesellschaft nicht entbehrlich, die – individuell und subsidiär – ihren solidarischen Beitrag leisten muss. Familien, aber auch soziale Organisationen, bürgerschaftliches Engagement und Freiwilligendienste sind nötig und gefordert. Es gibt sie. Sie müssen gestärkt und gestützt werden. Sie sind der Kitt der Gesellschaft.

Dass Millionen Menschen solches Engagement zeigen, ist ein gutes Zeichen für unser Land und ein Stück soziale Gesellschaft, die Politik selbst so überhaupt nicht leisten kann. Wir alle haben guten Grund, denen mit Dank und Respekt zu begegnen, die da aktiv sind und ganz praktisch am Gesellschaftsentwurf arbeiten, ihn leben.

Zum Beispiel in den Sportvereinen, gerade auch in den kleinen. Die dort mit hohem persönlichen Einsatz ermöglichen, dass Kinder und Jugendliche Sport treiben und Gemeinschaft erfahren und lernen: Sie tun für deren Erziehung und Zukunft und Gesundheit mehr, als wir Politiker sonntags schön darüber reden können.

Sie sind – ausgesprochen oder nicht – unsere Verbündeten in Sachen soziale Gesellschaft und Demokratie.

Wie muss sich der Sozialstaat verändern?

Der Sozialstaat ist ein Fortschritt von menschheitsgeschichtlicher Dimension. Denn er hat die Vorstellung überwunden, dass der Schwache, Arme oder Kranke abhängig ist von einer Barmherzigkeit, die ihm zuteil wird oder auch nicht, je nachdem, was die Barmherzigen gerade so tun. Der Sozialstaat gibt den Schwächeren einen Anspruch darauf, dass sie Hilfe bekommen.

Dieses Sozialstaats-Versprechen beruht aber darauf, dass alle Mitglieder der Gesellschaft Rechte und Pflichten haben. Und jeder muss nach seinen Möglichkeiten dazu beitragen, dass der Sozialstaat denen, die es nötig haben, auch helfen kann. Nicht alle haben die gleichen Fähigkeiten, aber jeder muss nach seinen Fähigkeiten beitragen. Der eine kann mehr, der andere kann weniger. Wer mehr kann, steht trotzdem nicht außerhalb der Solidargemeinschaft.

Staat und Gesellschaft müssen die Menschen befähigen, ihre Rechte wahrzunehmen und müssen sie anhalten, ihre Pflichten zu tun. Und die Menschen selbst müssen dies auch so wollen.

Der Sozialstaat hat Grenzen. Diese Grenzen ändern sich, weil sich die Verhältnisse ändern. Wir haben heute keine großen Familienclans mehr, in denen man sich helfen kann und will. Wir leben länger. Wir bleiben relativ lan-

ge gesund. Wir haben weniger Kinder. Wir sind eine zeit-
reiche Gesellschaft, zeitreicher als jemals zuvor. Das sind
neue Bedingungen für den Sozialstaat und neue Möglichkeiten für die soziale Gesellschaft. Sie kann zur Lebensqualität erheblich beitragen. Der Sozialstaat der Zukunft muss
sich vielleicht nicht umfassender, auf jeden Fall aber anders auf die Gesellschaft stützen dürfen.

Der Sozialstaat wird weiter riesige Mittel sammeln und
verteilen. Und immer muss überprüft werden, ob er das
gerecht macht. Ohne die soziale Gesellschaft, die an der
Basis stattfindet, wäre er überfordert. Aber auch für diese
soziale Gesellschaft bleibt der Sozialstaat unentbehrlich.

Sozialstaat muss ehrlich sein. Er muss die Bedingungen
für sein Wirken offen thematisieren. Und er braucht vor
allem Verantwortung, nicht nur Gesinnung.

Muss das Verhältnis von Rechten und Pflichten neu ausgelo-
tet werden?

Sozialstaat gelingt nicht, wenn sich bei den Erfolgreichen
und Aufsteigern das Verständnis breit macht, dass sie für
sich selbst sorgen können (was ja stimmt) und sich aus
der Solidargemeinschaft verabschieden dürfen. Dann wird
der Sozialstaat zum Rotkreuzwagen, der hinterher fährt
und die Schwachen der Gesellschaft aufsammelt. Dass
muss auch so sein, aber das reicht nicht. Das wäre das falsche Verständnis. Es funktioniert übrigens auch nicht.

Denn das ist ja die neue Erfahrung: Auch Erfolgreiche
und Aufsteiger können stolpern, scheitern, abstürzen. Für
die Gesundheit gilt das sowieso: Jeder kann so krank werden, dass er trotz guten Einkommens auf die Hilfe anderer
bauen muss. In diesem Bereich sind wir alle aufeinander
angewiesen, da gibt es aber noch zu viele, die sich aus der
Gesamtsolidarität abkoppeln. Das gilt auch für die Pflege.

Wir brauchen im Gesundheitsbereich eine einzige große Solidarsystematik, aus der auch teure Therapien abgesichert werden. Aber dazu muss jeder beitragen und zwar nach seinen Möglichkciten, dcr wirtschaftlich Starke, natürlich aber auch der Schwache.

Was die Schwächeren beitragen können, war der schwierigste Punkt in der Reformagenda von 2003. Fordern und fördern heißt: Diese Menschen, die wir bisher an die Sozialhilfe abgeschrieben haben, sollen angehalten und inspiriert werden, mindestens drei Stunden täglich tatsächlich zu arbeiten. Um mehr auf eigenen Füßen zu stehen und um einen Beitrag zum Gelingen der ganzen Gesellschaft zu leisten. Dieser Beitrag hat einen anderen Euro-Wert als der eines Hoch- oder Höchstverdieners, aber er ist gesellschaftlich gleich wertvoll.

Der moderne Sozialstaat muss dafür sorgen, dass sich die Menschen durch ihren Beitrag zur Gesellschaft auf gleicher Augenhöhe begegnen können. Ganz gleich, wer sie sind und was sie können. Wenn die ganz oben aus den Sozialsystemen flüchten können und die unten die Transfers gerne nehmen, aber weniger leisten als sie könnten, dann werden die Leistungsträger in der Mitte auf Dauer überfordert. Sie tragen dann die Last, die oben und unten weggeschoben wird. Das wäre ungerecht, und das ist es teilweise heute schon.

Bildung – Kinder zuerst

Wie bleiben wir Wohlstandgesellschaft, wie werden wir Hochleistungsgesellschaft – ist Bildung der Schlüssel?

In der Tat. Da entscheidet sich, wie gut wir als Volkswirtschaft sein können. Das gilt für Bildung und berufliche Qualifizierung. Das gilt aber auch für Weiterbildung. Deutschland ist da bisher nicht gut genug. Dabei ist das die wichtigste Investition in die Zukunftsfähigkeit unseres Wohlstandes, der durch Hochleistung erarbeitet werden muss.

Trotzdem: Bildung ist zuerst das individuelle Recht jedes Menschen. Ein Menschenrecht. Bildung ist ein Stück Freiheit und ein Stück Gleichheit. Hier herrscht heute in Deutschland die größte Ungerechtigkeit. Einige, nicht wenige, haben erstklassige Bildungschancen, andere, viel zu viele, werden in der Schule – in Wirklichkeit oft schon vor der Schule – abgestempelt und dauerhaft abgehängt. Das darf uns nicht ruhen lassen. Wir brauchen ein Gesamtkonzept fürs Land, Föderalismus her, Föderalismus hin.

Bildung ist ein großes Thema, aber in Städten wie Berlin kommt jedes vierte Kind mit schlechten Deutschkenntnissen zur Schule

Konsequenz? Sprachtests mit drei bis vier Jahren. Vorschulische Sprachförderung. Elternarbeit. Gründlich und obligatorisch. Es ist genug geredet.

Die armen Kinder sind auch in ihren Bildungschancen benachteiligt ...

Ja, genau das. Die sozialdemokratischen Vorschläge zur Bekämpfung der Kinderarmut sind richtig. Arm sind Kinder, wenn ihre Eltern arm sind. Beschäftigung und Mindestlohn sind die wirkungsvollsten Hebel. Wir brauchen eine gute öffentliche Infrastruktur, gute Schulen, Kinderkrippen, gute Erzieher und Lehrer. Und angemessene Sozialtransfers, die den Kindern unmittelbar zugute kommen. Das kostet auch zusätzliches Geld.

Aber es gibt neben der materiellen Armut auch die emotionale und den Mangel an anregender Aktivität. Auch dazu müssen wir in unserer Gesellschaft Antworten finden. Weitergehend ist die Frage, wie heute in der veränderten Gesellschaft zwischen uns Großen die kleinen Kinder groß werden. Statt über die Kinder zu klagen, die es nicht gibt, sollten wir uns mehr Zeit nehmen für die, die es gibt. Zeit für Kinder. Ein wichtiges Thema.

Katastrophenmeldungen sind fehl am Platze. Es gibt viele tolle junge Leute, da ist vieles in Ordnung. Auch in den Familien. Auch in den Schulen. Das Gelungene loben ist auch nötig. Aber das darf uns nicht beruhigen. Die Mängel sind auch offensichtlich. Und längst nicht nur bei den Armen. Ein orientierendes Gespräch über Bildung und Erziehung täte dem ganzen Land gut. Erziehung!

Wie überzeugen Sie als Sozialdemokrat Eltern, die ihre Kinder lieber in die Privatschule schicken?

Die Eltern wollen für ihre Kinder das Beste. Das ist richtig und das darf man ihnen nicht bestreiten. Trotzdem muss die Gesellschaft sich die Frage stellen: Sind wir eigentlich dabei, in dieser Gesellschaft Kinder zu Hochleistungsmenschen auszubilden und zu erziehen, die aber die Differenziertheit der Gesellschaft als Kinder und Jugendliche gar nicht erleben? Viele wachsen ohnehin als Einzelkinder auf, die als Kinder und Jugendliche die Geschwistererfahrung nicht machen. Solidarität lernt man nicht theoretisch und den Umgang mit Schwächeren auch nicht. Man lernt durch praktische Übung. Intelligente Überflieger, die soziale Versager sind, werden die Zukunft Deutschlands nicht sinnvoll gestalten. Das ist keine Unterstellung, aber ein nötiger Rat.

Ich will kein abschließendes Urteil darüber fällen, wie weit die ungerechte Verteilung der Bildungschancen den Zusammenhalt der Gesellschaft schon heute schwächt und auch städtische Strukturen gefährdet. Aber dieser Komplex ist von Bedeutung für die Zukunftsfähigkeit des Landes. Wir gehen davon aus, dass die äußeren Rahmen sich verändern und diskutieren über zukünftige Finanzmärkte oder globale Kommunikation. Zu recht. Aber wir machen uns zu wenig Gedanken darüber, was wir den Menschen mitgeben, die in zwanzig bis fünfzig Jahren die Verantwortung haben werden, für sich selbst und für das Ganze. Das meine ich mit menschlicher und gesellschaftlicher Innovation, die die technologische Innovation dominieren muss, – und nicht umgekehrt. Was wissen sie von Demokratie? Was verstehen sie unter Sozialstaat, sozialer Gesellschaft, Solidarität? Wie wichtig ist ihnen die Freiheit des Anderen, an der ihre eigene Freiheit ihre Begrenzung findet? Das sind keine nur theoretischen Fragen. Da geht es um den Kern gesellschaftlicher Entwicklung.

Wenn man die Grenze für die eigene Freiheit sehen soll, muss man die Interessen der anderen kennen. Lernt Hänschen das nicht mehr von selbst, in der Familie?

Nicht mit der gleichen Selbstverständlichkeit wie früher. Die Familien waren größer. Geschwister erzogen Geschwister. Fast alle hatten Kinder. Heute werden Kinder überwiegend zwischen Erwachsenen groß. Deshalb brauchen sie die Ganztageseinrichtungen in der Krippe, in der Kita und der Schule. Sie brauchen eine wirkliche Chance, die Bildungsmöglichkeiten zu nutzen, die es heute gibt. Dazu brauchen sie Eltern, die diese Möglichkeiten kennen, die diese Möglichkeiten bejahen. Dazu brauchen sie aber auch einen Staat, der diese Möglichkeiten eröffnet. Ich glaube, dass wir bereit sein müssen, in Bildung und Erziehung mehr zu investieren als bisher.

Interessanterweise gelten ja Bildungsinvestitionen in den öffentlichen Haushalten nicht als Investitionen. Dabei sind sie das Wichtigste.

Eltern wollen und sollen sich um ihre Kinder sorgen. Darf der Staat sich da einmischen?

Politik kann den Eltern nur bedingt Vorschriften machen. Sie muss ihnen Chancen eröffnen, stellvertretend für ihre Kinder. Und da kann es nicht so sein, dass einer relativ kleinen Gruppe alle Türen offenstehen, diese aber anderen verschlossen bleiben. Diese Türen müssen Zug um Zug allen Kindern geöffnet werden.

Das Recht der Eltern, den Weg ihrer Kinder erheblich zu bestimmen, ist unbestritten. Aber das Recht des Kindes muss für die Gesellschaft im Mittelpunkt stehen, das Recht jedes Kindes auf gute Bildung. Im Grundgesetz steht, dass die Erziehung der Kinder das natürliche Recht der Eltern ist und die zuvörderst ihnen obliegende Pflicht. Aber auch, dass darüber die staatliche Gemeinschaft wacht. Das Kind, der Jugendliche hat deshalb den Anspruch an die Gesellschaft, an den Staat, dass ihm die Möglichkeiten für sich selbst, für seinen individuellen Lebensentwurf eröffnet werden. Nötigenfalls auch dann, wenn ihre Eltern dabei nicht helfen können oder nicht wollen.

Wir erlauben uns Jahr für Jahr 80 000 Schulabbrecher.
Kann unser föderales System das Problem überhaupt lösen?

Das könnten noch mehr werden, wenn wir nichts tun.
Die Jugendlichen, die ohne Abschluss aus der Hauptschule kommen, kommen zum größten Teil aus Familien, in
denen es eine besondere Förderung durch bewusste Eltern nicht gibt. Oft, aber nicht nur, wegen des Migrations-
hintergrunds. Wir haben heute in der Tat 8 bis 10 Prozent
der Hauptschüler, die ohne Abschluss aus der Schule
kommen.

Kann der Föderalismus die richtige Antwort geben?

Grundsätzlich ja. Ich will es so sagen: Die Politik, Bund,
Länder, Gemeinden, müssen beweisen, dass sie zu einem
gemeinsamen Konzept fähig sind. Das geht, wenn man
will. Wenn „Bildungsgipfel" das leisten können – gut!
Wenn es nicht klappt, dann müssen Zuständigkeiten geändert werden. Ich schreibe den Föderalismus nicht ab. Und
ich sage auch nicht, dass er alleine Verantwortung trägt für
das partielle Bildungsdilemma. Aber beste Bildungschancen für jedes Kind sind wichtiger als staatliche Strukturen.

Eigentlich ist das Problem ja längst bekannt. Alle reden da-
rüber. Warum passiert nichts Durchschlagendes?

Der Wohlstand für alle heute ist dem Land wichtiger als die
Bildungschancen für alle heute und morgen. Das ist etwas
ungerecht gesagt, aber nicht sehr.
   Außerdem könnten wir mehr von den erfolgreichen
Wegen lernen, die es gibt. Und nicht nur im dünn besie-
delten Finnland. In einigen ostdeutschen Ländern ist das
Abitur nach zwölf Jahren kein Problem mehr, das in den

westdeutschen Ländern so viele Eltern beschäftigt. Es gibt in den neuen Ländern gute Beispiele für sinnvollen Schulaufbau. Vielleicht kann man daraus etwas lernen für das Problem mit den Hauptschulen und für zeitgemäße neue Strukturen. Also kurzum: Bund, Länder und Gemeinden müssen gemeinsam beweisen, dass sie die Antworten geben können, die individuellen Ansprüche jedes einzelnen Kindes zu gewährleisten. Wenn das nicht geht, wenn das wirklich an der Frage der Struktur scheitert, dann ist sie unzeitgemäß und muss anders werden.

Die Politik muss das Thema auf eine Entscheidung zutreiben. Auf verbindliche Vereinbarungen zwischen Bund und Ländern. Ausrufezeichen!

Die soziale Schranke im Bildungswesen ist nicht neu. Warum ist das der SPD eigentlich entgangen, die doch Antreiber und Produkt des Bildungshungers der 1960er und 70er Jahre war?

Seit dieser Zeit ist viel passiert. In meiner Altersklasse, 1940 geboren, gingen aus einer Klasse vier oder fünf Schüler aufs Gymnasium oder auf die weiterführenden Schulen überhaupt. Etwa zehn Prozent machten Abitur und wer diesen Weg ging, der war für sein Leben gesichert. Da wusste man: Der kommt bei Gehaltsstufe A°10 oder mehr an, der hatte mit dem Abitur eigentlich schon gewonnen. Die Sozialdemokratie hat die Bildungsmöglichkeiten erheblich verbreitert. In Nordrhein-Westfalen, um nur dieses Beispiel zu nennen, durch vorbildliche Gemeinschaftsschulen statt Konfessionsschulen, später auch durch Gesamtschulen und entscheidend durch die Vielzahl von Universitäten, die Johannes Rau initiiert und gebaut hat. Heute sind sehr viel mehr Kinder auf diesen verbesserten Wegen unterwegs.

Aber die Kluft zu denen, die nicht mithalten können, ist umso größer geworden. Ganz besonders zu solchen Bevölkerungsgruppen, die den Bildungsimpuls und -hunger der 60er und 70er Jahren nicht aus ihrer eigenen Kultur mitgebracht haben.

Denen müssen sie aber auch sagen können, dass Bildung sich lohnt.

Ja, wichtiger Aspekt. Es kommt heute hinzu, dass Lernen, Können und Wissen nicht mehr so eindeutig zum beruflichen Erfolg führen. Man kann auch acht Jahre studieren und anschließend Taxifahrer werden. Ein ehrenwerter Beruf, aber sicher nicht Studienziel. Die Selbstverständlichkeit des Aufstiegs durch Bildung ist gebrochen. Das führt dazu, dass es auch immer mehr junge Menschen gibt, die sich fragen, ob sich die Anstrengung eigentlich lohnt. Die nicht aus eigenem Impuls und Erleben wissen, wie wichtig ist es, diesen Weg zu gehen. Auch das ist etwas, über das offen gesprochen werden muss.

Was ist die Absicht? Alle zum Abitur? Möglichst viele zur Universität?

Nicht alle können berufliche Positionen erreichen, die höchste – wissenschaftliche – Qualifikationen erfordern. Es wird auch immer Menschen geben, die in Berufen mit geringerem theoretischen Wissensstand arbeiten. Ihre Arbeit ist ehrenwert, es ist nützliche Arbeit, sie verlangt spezielles Wissen und besondere Fähigkeiten. Diese Arbeiten sind wichtig und unverzichtbar für die Gesellschaft. Ja, sie sind gleichwertig für eine menschliche Gesellschaft. Sollen solche Tätigkeiten – der Dienst am Menschen, Bürotätigkeiten oder LKW fahren – sollen solche Tätigkeiten auch von Menschen gemacht werden, denen wir eine echte Bildungschance geben?

Ich sage ja. Bildung ist ein Anspruch, der für sich steht, weil er jedem Einzelnen die Möglichkeit eröffnet, sich seinen Fähigkeiten entsprechend zu entwickeln und zu bilden. Bildung kann gesellschaftlichen und wirtschaftlichen Zwecken nützen, zuvörderst aber ist sie ein Recht jedes Menschen.

Bildung ist etwas anderes als Berufsvorbereitung, nämlich mehr.

Umso mehr stellt sich die Frage, warum die SPD ihren Antrieb auf diesem Gebiet verloren hat.

Wir haben so viel erreicht, dass wir zeitweise das Problem für beantwortet gehalten haben. Da zeigt sich wieder einmal, dass man nie stehen bleiben darf. Wir haben uns lange Zeit gelobt für die vielen Arbeiterkinder, die auf weiterführende Schulen und Hochschulen gehen. Mit Recht. Immerhin gehen heute ja fast 37 Prozent eines Jahrgangs zur Uni. Es sind längst nicht mehr nur Kinder aus der obersten Gehaltsklasse, die da ankommen.

Im Übrigen:

In den 1960er, 70er Jahren war die Aufstiegsmentalität noch prägend. Dieses Wissen-Wollen, auch über den zweiten Bildungsweg, das war ganz typisch für diese Zeit. Den Weg nach vorne suchen, von den Eltern dazu angehalten werden.

Auch heute kann Politik alleine die Besserung nicht bewirken. Die Selbstverantwortung, auch die der Eltern für ihre Kinder, bleibt zentral.

Also: Die Politik duckt sich weg. Pech, wenn du die falschen Eltern hast.

Irgendwann war der Aberglaube da, das Problem sei minimiert. Das ist ganz offensichtlich ein Irrtum, schon, weil es viele Arbeitnehmerinnen und Arbeitnehmer – und damit auch Eltern – gibt, die sich in unserer Bildungskultur nur schwer zurechtfinden. Viele Migranten unterschätzen die Notwendigkeit von Bildung und Berufsausbildung. Aber bei weitem nicht nur sie. Das gilt auch für zahlreiche deutsche Familien, die es eigentlich besser wissen müssten.

Nein, die Bildungspolitik bleibt in der Verantwortung, in der Mitverantwortung für jedes Kind.

Schwache Eltern gab es früher auch. Aber es gab die Anwälte für die Kinder, die bei solchen Eltern angeklopft haben, Lehrer oder Kommunalpolitiker. Gibt es in der SPD noch solche Anwälte?

Wen können und müssen wir eigentlich ansprechen? Die Kinder oder die Eltern? Die Großeltern oder die Geschwister, wenn es sie gibt? Wir werden ja keinen Führerschein für das Elternsein einführen. Wenn die Eltern nicht den nötigen Impuls mitbringen, dann sind ihre Kinder immer im Nachteil. Früher ist der Lehrer zu den Eltern des Arbeiterkindes gegangen, das in der Grundschule gut rechnen konnte, das seine Leistungsfähigkeit bewies. Heute kann manches Kind nicht gut rechnen, weil es seit der ersten Klasse die Lehrerin nicht richtig versteht.

Wir brauchen Beispiele, wie Bildungsimpulse auch solche Kinder und ihre Eltern erreichen. Ich will eines aus Hamburg nennen. Der Otto-Versand ist daran mitbeteiligt. Da gehen Mitarbeiter an die Hauptschulen, in die Klassen 8 und 9. Sie versuchen den Kindern zu zeigen, wie wichtig es ist, einen Schulabschluss zu bekommen und anschließend eine Ausbildung zu machen. Bei 40 Prozent ungefähr haben sie Erfolg.

Ein mühseliger, vor allem später Impuls.

Ja, aber sinnvoll. Ich möchte ihn gerne systematisiert sehen. Patenschaften – solche und andere – gehören zum Gesellschaftsentwurf unverzichtbar dazu.

Ich habe eine Gesamtschulklasse gesehen mit mutlosen Kindern. Aber auch eine andere Klasse, die in gleicher Weise besetzt war, mit Kindern aus 15 Nationen, wo die Kinder mir zukunftswillig und mutig begegneten. Lehrerinnen und Lehrern sind eben sehr wichtig. Ob sie es schaffen, über Patenschaften oder direkte Kontakte mit den Eltern die nötigen Impulse zu geben, entscheidet sehr viel. Da bin ich weggegangen mit dem guten Gefühl: Tolle Lehrerinnen und Lehrer, tolle Erzieherinnen und Erzieher. Die begeistern zum Leben. Diese Kinder werden es schaffen. Sie haben Rückgrat und Herz. Eigentlich haben sie es schon geschafft, wo immer sie beruflich ankommen.

Brauchen wir mehr Mut zur Erziehung?

Zur Bildung gehört für mich ausdrücklich die Idee der Erziehung. Gut und Nicht-Gut unterscheiden lernen, das Rückgrat stärken, das Herz öffnen, die Vernunft trainieren. Alles Erziehung.

Wir machen uns sehr viele Gedanken über technologische Entwicklungen, über neue Maschinen, über den dazu passenden Unterrichtsstoff.

Wir machen uns zu wenig Gedanken darüber, was wir den Kindern substanziell eigentlich an Orientierung mitgeben können für die künftige Gesellschaft. Die wird nämlich so sein, wie diese heute jungen Menschen sind. Erziehung ist ein Wort, das in Deutschland nicht sehr beliebt ist. Manche glauben wohl, Erziehung heiße streng sein, während andere meinen, Erziehung sei zu anstrengend für sie. Aber die Kinder und die jungen Menschen brauchen Orientierung. Kompass. Wegweiser. Pfadfinder.

Erziehung bewirkt mehr als Bildung. Denn Persönlichkeit ist mehr als Wissen und Können.

Dass man das schwer in Gesetze fassen kann? Mag schon sein. Wichtig für den Gesellschaftsentwurf unseres Landes ist es trotzdem. Tabu darf es nicht sein.

Demografie: Die Alten und die Älteren

Welche Fragen stellt uns der Wandel unter dem Stichwort Demografie?

Wer sind die Alten und die Älteren? Welche Rolle haben sie in der Gesellschaft und welche Rolle sehen sie für sich selbst? Sind sie sich bewusst, dass es das Phänomen einer so zeitreichen Generation, die immer zahlreicher wird und 25 oder 30 Jahre vor sich hat, noch nie gegeben hat? Dass diese Tatsache Wandel bedeutet, Veränderung? Was werden sie mit dieser Zeit anfangen und was bedeutet das für die Gesellschaft? Was bedeutet es für das Gesundheitswesen, wenn viele sehr alte Menschen Siechtum und Krankheit erleiden? Und das wird so sein.

Wer sind eigentlich die Alten und die Älteren?

Das wissen wir nicht so genau. Als Kant fünfzig wurde, laudatierte man ihm mit der Anrede: Verehrungswürdiger Greis – sagt die Überlieferung, die bekanntlich manchmal eine Anekdote, gleichwohl aber treffend ist. Jedenfalls: Lang ist's her.

Wer sind heute die Alten und die Älteren? Wer ist der Greis? Klar ist nur, im Sprachgebrauch: Der Ältere ist jünger als der Alte. Genauer, präziser ist da unsere sprachliche Kategorisierung nicht entwickelt. Wir leben länger – zehn Jahre länger als die, die 1960 vergleichbar alt waren. Und die Tendenz ist ungebrochen. Das ist gut und jeder ist gerne dabei.

Aber die Menschen in dieser Gruppe, deren Altsein länger dauert als ihre Kindheit und Jugend zusammen gedauert haben, die gibt es und zwar immer zahlreicher und immer längere Zeit relativ gesund. Zwei Generationen sind es wohl auf jeden Fall. Der eine hat die Weimarer Republik mitbekommen, Krieg und Elend und Aufbruch und Wirtschaftswunder, der andere Adenauer als Legende und die sozialliberale Zeit, wachsenden Wohlstand, aber auch die geteilte Welt, die Mauer und die Vereinigung. Man kann es auch festmachen an Zarah Leander und den Beatles. Das prägt.

Ich möchte sagen: Die zwischen 60 und 65, bald zwischen 60 und 67, sind nicht die Alten und nicht die Älteren. Sie gehören zu den Erwerbsfähigen. Das ist eine klare Definition. Dank Erfolgen am Arbeitsmarkt gehören viele dieser Altersgruppe inzwischen auch faktisch zu den Erwerbstätigen. Wenngleich da noch eine beachtliche stille Reserve schlummert.

Wer sind die Älteren?

Die über 65 oder bald 67. Aber sie gehören ganz überwiegend noch zur aktiven Bevölkerung. Sie sind fit, haben Wissen und Können, sind neugierig, haben in der Regel viel Zeit, haben Familie, Freunde, Nachbarn, Netzwerke. Und sie haben soziale Sicherheit, nur ganz wenige Reichtum, aber alle materielle Garantie der Grundsicherung, die allermeisten mehr.

Sie leben selbstständig und aktiv und viele von ihnen sind in der Gesellschaft engagiert, in Vereinen und Initiativen, Kirchen und Parteien. Disponible Zeit ist ihr Reichtum besonderer Art. So etwas hat es in der Geschichte in solcher Fülle noch nie gegeben. Mit 65 fallen sie keineswegs lethargisch in den Schaukelstuhl zurück und betrachten das Ganze nur noch mit dem Fernrohr, sondern sie mischen kräftig mit. Gut so. Mehr so!

Das ist auch ihre Bürgerpflicht. Sie sind mitverantwortlich dafür, dass die soziale Gesellschaft und die Demokratie gelingen. Die Frage ist: Welche Möglichkeiten gibt ihnen die Gesellschaft dazu?

Welche Möglichkeiten könnten das sein?

Ihre Zeit ist ihre Zeit und niemand darf sie ihnen zu reglementieren versuchen. Eine Einladung zur Mitwirkung in Freiwilligendiensten und zum Engagement in den Institutionen der Demokratie ist aber erlaubt und orientiert sich auch an der Lebenswirklichkeit.

Wenn diese Generation als Pate an der Seite junger Menschen ist und deren Weg in der Schule und ins Berufsleben begleitet, dann ist das eine große Hilfe für die Gesellschaft. Diese Generation der Älteren ist zeitreich und aktionsfähig. Auf der anderen Seite haben Menschen, vor allem die jungen Familien mit Kindern, oftmals hohen Zeitdruck. Daraus müsste sich doch mehr machen lassen.

Eine Familiensache!

Wo es geht, gleicht man das in den Familien zwischen den Generationen aus. Aber das geht eben nicht in allen Familien, schon weil sie nicht mehr als große Sippe in einem Dorf miteinander leben. Aber man kann sich subsidiär helfen, in der Nachbarschaft, oder über Vereine und Initiativen. Dafür gibt es ja auch schon viele gute Beispiele, wie die Erfahrung und das Wissen der Ältern den Heranwachsenden helfen.

Wir brauchen die Älteren auch, weil es in dieser zeitreichen Gesellschaft unter den Alten auch sehr viele einsame Menschen gibt, die isoliert oder abgeschoben sind und sich auch so fühlen. Zeit haben ist ein Geschenk für Menschen. Aber Menschen brauchen nicht nur Zeit, sie brauchen eben auch Menschen. Sonst kann Zeit auch eine Last sein.

Die Älteren als ein Stützpfeiler der sozialen Gesellschaft?

Ja. Und dieser Stützpfeiler wird Zug um Zug tragende Säule. Es sind viele Ältere, mehr Frauen als Männer, die auf diese Weise engagiert sind. Wir Männer denken offenbar langsamer um. Haben oft noch die Vorstellung, dass nach dem Berufsleben es vorbei ist mit der gesellschaftlichen Verantwortung.

Gebraucht werden sie aber alle, Frauen und Männer. Vielleicht geht der Weg leichter über die freiwilligen Dienste, wo man nicht nur mal spontan hilft – was natürlich auch wichtig bleibt –, sondern wo man sich gegenüber einem Verein oder einer Organisation für eine bestimmte Zeit am Tag oder in der Woche festlegt, ja verpflichtet: Dann komme ich und helfe euch. So wird gesellschaftliche Solidarität organisierbar und das ist wichtig.

Neulich habe ich einen Ingenieur getroffen, einen „Älteren", der mit den Kindern an der Schule über Aerodynamik redet und mit ihnen schnittige Papierflieger baut. Er macht das freiwillig und kostenlos. Die jungen Leute kommen auch freiwillig und lernen bei ihm und basteln. Ökonomisch zweckfrei das Ganze, aber Mut und Spaß machende Lebensqualität für alle Beteiligten.

Ich kenne Hans B., einen alten Mann, der immer wieder Schulklassen über den Kampf des „Reichsbanners" gegen die Nazis berichtet und darüber, weshalb damals die Demokratie scheiterte. Die jungen Menschen hören ihm zu, und wie.

Und die ehemalige Englisch-Lehrerin, die kostenlos Nachhilfe gibt, wohl auch Lebenshilfe. Die Frau, die zum Vorlesen kommt. Einen, der Wanderwege auszeichnet und Ruhebänke pflegt. Und so weiter.

Das sind Beispiele für den Freiwilligendienst in und an der Gesellschaft. Vieles geht spontan, anderes muss sinnvoll geregelt werden. Mitarbeiterinnen und Mitarbeiter, auf die man da fest rechnen kann, sind wichtig. Die Älteren können ein Stück ihrer Zeit investieren, damit das Netzwerk der Gesellschaft hält und enger wird. Die soziale Gesellschaft wächst von unten. Sie muss aber auch von oben inspiriert und ermöglicht werden, unbürokratisch und materiell.

Demografie: Dienst Mensch am Menschen

Sehr viel mehr Menschen als bisher werden auf Hilfe und Pflege angewiesen sein. Welche Fragen stellen sich?

Es geht darum, auch für diesen Teil des Lebens ein menschliches Miteinander zu sichern. Professionelle Hilfe zu garantieren, die hilfsbedürftige Menschen nicht zum recht hilflosen Objekt ökonomischer Interessen macht. In Städten und Gemeinden Netzwerke zu entwickeln gegen Isolierung und Vereinsamung. Professionelle Helferinnen und Helfer zu qualifizieren und gerecht zu bezahlen. Menschlichkeit und Solidarität zu garantieren für Menschen, die scheinbar nutzlos geworden sind. Und von denen sich manche auch so fühlen.

Solidarität ist für uns im Normalfall ziemlich abstrakt geworden. Wir zahlen in Sozial- und Steuerkassen, und dann wird sie von Staat und Verbänden professionell organisiert. Müssen wir wieder lernen, was die christliche Soziallehre Personalität nennt?

Mitmenschliche, persönliche Solidarität ist unverzichtbar, subsidiäre auch. Für sie bleibt viel Raum. Aber wir brauchen auch die organisierte Solidarität. Sie ist nicht abstrakt, sondern sehr konkret als Sozialstaat. Sie basiert auf Pflichten und Rechten und garantiert, dass nicht Zufall oder Willkür darüber entscheiden, wer Solidarität erfährt.

Barmherzigkeit ist eine Tugend. Aber unter Freien und Gleichen soll niemand um Barmherzigkeit bitten müssen, sondern Nächstenliebe erfahren, und die heißt auch Solidarität. Und so Respekt erfahren und zuerst und vor allem Hilfe zur Selbsthilfe.

Ja, es geht um solche Solidarität. Es geht um den Teil menschlicher Kultur, der sich über die Jahrhunderte für immer mehr Menschen, auch für immer mehr Mächtige zur Messlatte für das persönliche Handeln und auch das politische entwickelt hat.

Ein schöner Aufruf – und schwer einzulösen. Die wachsende Zahl von Pflegebedürftigen braucht handfeste Lösungen.

Ein großer Teil dieses Dienstes Mensch am Menschen wird hauptberuflich geleistet, also auch gegen Bezahlung. Das ist kein Widerspruch und vermindert überhaupt nicht die Lebensqualität für alle Beteiligten. Und auch nur so kann in einer Millionen-Gesellschaft garantiert werden, dass alle Schwächeren und Bedürftigen diesen Dienst erhalten.

Das Gesundheits- und Pflegewesen ist unsere größte Branche. Und auch die Erziehungs- und Bildungsberufe sind natürlich Dienst Mensch am Menschen. Sie alle erfordern hohe fachliche Qualifikation, und sie verdienen ordentliche Bezahlung. Diese Berufe sind wichtig und keine Nebensache. Sie entscheiden in hohem Maße mit über die Lebensqualität in unserer Gesellschaft. Pflegerinnen sind keine Alten-Putzkolonne und Erzieherinnen sind keine Kinderverwahrerinnen. Vielleicht sind sie für die Zukunft unseres Landes wichtiger als mancher Professor an der Universität.

Und auch da, wo freiwillige Hilfe geleistet wird, unmittelbar und spontan, vor allem aber in Organisationen, wird der Staat nicht ganz unbeteiligt bleiben können. Ehrenamtliche brauchen Versicherungsschutz, und es muss ihnen soviel erstattet werden, dass sie nicht aus der eigenen Tasche zuschießen müssen. Das kostet auch Geld. Zwischen 2000 und 2007 haben Rot-Grün und Große Koalition einige hilfreiche und zielführende Beschlüsse gefasst, von der

Übungsleiterpauschale bis zum Stiftungsrecht. Da ist was in Bewegung. Gut so.

Für die Gesellschaft lohnt es sich, in diesen Sektor zu investieren. Wenn wir die Arbeitslosigkeit wirklich überwinden wollen, dann sollten wir uns in den Ländern umsehen, wo das gelungen ist. Das sind Länder, die auch in den gesellschaftlichen Bereichen Formen der Beschäftigung gefunden haben und wo die soziale Gesellschaft sich so selbst organisiert.

Es ist uns ganz selbstverständlich, dass wir am Anfang des Lebens ein dichtes Netz von Diensten Mensch am Mensch haben und staatlich finanzieren. Schulen, Kindergärten, nun auch die Krippenplätze.

Die ersten 18, 20 Jahre des Lebens sind stark staatlich organisiert. Die Frage ist: Lassen wir für das Alter einen Markt der Möglichkeiten sich verbreitern, in dem sich die gut versorgen lassen können, die es sich leisten können, während die anderen draußen bleiben – einsam und allein? Sie sollen nicht draußen bleiben. Und das kann man organisieren über Versicherungen. Auch über staatliches Geld und Arbeitsplätze. Aber auch darüber, dass die Gesellschaft selbst sich aktiviert. Ja, ohne genau dies geht es nicht.

Derzeit wird ein großer Teil der häuslichen Betreuung von Kindern oder Pflege von Alten von osteuropäischen Frauen geleistet, als Schwarzarbeit. Damit gehen wir alle sehr unehrlich um.

Stimmt. Und deshalb war die Koalitionsklausur in Meseberg auch einer der Lichtblicke der großen Koalition. Da haben wir besprochen, die Haushalte, die Familien als Auftraggeber zu sehen, denen der Staat helfen muss, zum Beispiel mit Freibetragsregeln, sich angemessen mit Dienstleistungen versorgen zu können. Diesen Weg muss unser Land gehen.

In dieser so sehr ökonomisch bestimmten Zeit soll persönliche und professionelle Solidarität zum Lebensmittelpunkt vieler Menschen werden?

Ökonomische Prosperität und technologische Innovation tragen die Hoffnung für die Zukunft. Sie haben ihren Wert. Niemand muss sich genieren, wenn er dort seinen Lebens- und beruflichen Schwerpunkt hat. Ein Ersatz für eine Lebensqualität, die sich an den Geboten der Humanität und der Solidarität im Dienst am Menschen orientiert, sind andere Lebensbereiche aber nicht.

Jeder Mensch braucht Orientierung für seinen persönlichen Lebensentwurf. Und Orientierung brauchen wir auch für den Gesellschaftsentwurf der Gegenwart und der Zukunft. Aus dem Dienst am Menschen, der sich mit dem Menschen und seinem Essentiellen auseinandersetzen muss, kann ein Stück solcher Orientierung wachsen. Und die Idee des wissenschaftlichen und technischen Fortschritts wird dadurch nicht behindert. Im Gegenteil.

Gesundheit

Der medizinische Fortschritt ist rasant, aber er ist auch teuer. Welche Fragen stellen sich für das Gesundheitswesen?

Krankheiten vorbeugen, Krankheiten heilen, Krankheiten begleiten, Schmerzen minimieren. Das ist wirklich wichtig. Darum geht es wirklich millionenfach und ganz konkret. Denn das bewahrt Menschen vor Leid oder hilft ihnen zumindest.

Die Regel der modernen Ökonomie – schneller zu produzieren mit weniger Personal, um im Aktienwert zu steigen und erfolgreich zu sein –, das ist eine ganz und gar schiefe Zielsetzung für die Aufgaben des Gesundheitswesen. Sicher, auch im Gesundheitswesen müssen wir sparsam und effizient arbeiten. Aber die simple Formel: Wenn im Gesundheitswesen weniger ausgegeben wird, ist das gut – die trägt nicht.

Im unmittelbaren Gesundheitswesen arbeiten heute über 4,2 Millionen Menschen; es ist unsere größte Branche. Ambulant und stationär Tätige, Ärzte, Pfleger und Heilberufe nichtärztlicher Art, Beschäftigte in Apotheken und Sanitätshäusern, in Forschung und Entwicklung und Produktionsstätten. Frauen sind übrigens in der deutlichen Überzahl.

Ich habe keinen Zweifel, dass wir für den Dienst Mensch am Menschen, im wachsenden Gesundheits-, Pflege- und Betreuungsbereich mehr Menschen, mehr Zeit brauchen werden. Das macht Kosten. Bezahlen das die beitragsgestützten Versicherungen oder die Steuerkasse? Schritt für Schritt werden bereits jährlich zusätzlich 1,5 Milliarden Euro nicht aus den Versicherungen, sondern aus der Steuerkasse des Bundes gezahlt, zunächst für die mitversicherten Kinder. Der Ansatz stimmt.

Wir stehen noch vor der großen Kohorte der Alten mit Demenzkrankheiten und Siechtum. Der Bedarf an Hilfe und Unterstützung wird viel größer sein als heute. Eine humane Gesellschaft wird es aber nur geben mit einer humanen Medizin, einer humanen Gesundheitspolitik. Die Kostenfrage ist wichtig, aber sie darf nie zu Lasten der Leidenden gehen.

Der Streit um die Frage, was das genau heißt, ist erlaubt, sogar nötig. Die Prioritätensetzung muss stimmen. Darauf kommt es an.

Sterben und Sterbehilfe stellen uns vor schwierige Entscheidungen. Was ist human?

Wichtig ist mir, dass in dieser Diskussion von Anfang an Klarheit in einem Punkt herrscht: Eine soziale Gesellschaft handelt in Ehrfurcht vor dem Leben.

Der Mensch weiß immer öfter: Krankheit ist kein Schicksal mehr, dem man sich nur ergeben kann. Man kann es beeinflussen. Und das nährt die Idee, dass der Mensch Herr über Leben und Tod ist, jeder – mindestens – über sein eigenes Leben, und dass er sein Ende wünschen oder auch herbeiführen darf, wenn er das aus subjektiven Gründen für sinnvoll hält. Zum Beispiel, wenn schwere Krankheiten sich ankündigen.

Manche Leute scheinen da einen Markt zu sehen. Sie möchten ihre Geschäfte machen mit dieser Mentalität. Es ist deshalb wichtig, von vorneherein offen und nachdrücklich klar zu halten und klar zu stellen: Ein Leben in Krankheit, auch in schwerer Krankheit, ist lebenswert. Es kann sogar Dimensionen entdecken, für die der Alltag in Gesundheit uns weder Zeit noch Muße lässt. Und: Die soziale Gesellschaft ist solidarisch mit denen, die aus gesundheitlichen Gründen auf Hilfe angewiesen sind und hilft ihnen in ihrer besonderen Situation.

Die gesellschaftliche Vereinbarung kann hier nur sein: Es ist verwerflich, Menschen, sei es auch aus Angst vor einem vielleicht schweren Sterben, in einen schnellen Freitod zu locken. Und daran Geld zu verdienen. Eindeutig: Diese Art Industrie muss verboten sein. „Ethik der Ehrfurcht vor dem Leben" – das Wort stammt von Albert Schweitzer. Wo sie beliebig wird, schwindet die Menschlichkeit einer Gesellschaft.

Darf ein Mensch nicht über sein Sterben, seinen Tod entscheiden?

Die Patientenverfügung gibt es, weil am Ende ihres Lebens viele Menschen nicht mehr bewusst über sich selbst bestimmen können. Die Haltung zum Freitod ist eine individuelle Entscheidung, die jeder nach seinen religiösen und ethischen Grundsätzen mit sich ausmachen muss. Unser Recht bestraft ihn nicht.

Aber für die Gesellschaft und ihren Entwurf verbietet sich jede Form der Äquidistanz zu Leben und Tod. Leben muss, auch in Zeiten schwerer Krankheit, geschützt sein. Das ist eine Frage der Humanität der Gesellschaft. Und diese Frage wird sich immer häufiger an sie richten. Denn immer mehr Menschen werden in Krankheit und Siechtum geraten, ohne eine Familie, ohne Freunde, ganz auf sich allein gestellt. Und eben auf die Gesellschaft.

Viele negative Zukunftsszenarien verbinden sich mit solchen Bildern: Großpflegeanstalten mit endlosen Bettreihen demenzkranker Menschen ...

Aber unser Gesundheitswesen ist doch der Beweis dafür, welche Fortschritte möglich sind. Auch bei hohen ethischen Ansprüchen und ohne den prinzipienlosen Juckreiz des Spektakulären. Pocken, Tuberkulose, Kinderlähmung? Durch große Forscherleistungen überwunden.

Diesen Weg sollten wir weitergehen. Wir müssen investieren, um Krebs und Demenzkrankheiten und AIDS und andere schwere Krankheiten einzudämmen und auszurotten. Ob es gelingen kann und wann? Ich weiß es nicht. Aber das wäre doch für Deutschland und Europa etwas: Durch Konzentration, mit Ehrgeiz, auch mit viel Geld in zehn oder zwanzig Jahren Erfolge zu melden: Wir fliegen nicht zum Mond oder Mars. Wir stoppen diese Krankheiten!

Und in Klammern, aber wirklich nur in Klammern gesagt: Langfristig würde sich das volkswirtschaftlich lohnen.

Ist das Gesundheitswesen angesichts der Altersentwicklung auf mehr Eigenverantwortung angewiesen?

Es ist ja schon heute so: Viele geben für ihre Gesundheit mehr Geld aus als je eine Generation zuvor. Mit Aussicht auf positive Wirkung. Nahrungsmittel und Hygiene, Schuhe und Möbel, Zeitschriften und Spezialkleidung, Sportstudios und Urlaubsziele werben mit Gesundheit. Die Marktforscher der großen Blätter raten diesen zu Gesundheits- und Wohlfühl-Themen. Gesundheit erobert die Titelzeilen.

Nach Fress-, Fernseh-, Auto-, Wohn- und Urlaubswelle kam die Gesundheitswelle nach Deutschland. Sie ist überhaupt eine der Mitursachen für das Faktum des längeren Lebens und hat eine weitere Karriere vor sich. Denn die Menschen wollen gesund alt werden. Relativ gesund gelingt schon ...

Ein Leben ohne Krankheiten wird es nicht geben.

Natürlich nicht. Es gibt sogar neue Risiken. Wie wird es denn den Kindern in 40 Jahren gehen, die heute zur Frittenbude watscheln, statt auf Bäume zu klettern? Die alleine vor dem Bildschirm hocken, statt mit anderen mit Geschrei Mensch-ärgere-dich-nicht zu spielen? Prävention und Gesundheitsförderung sind vielfach möglich und dem Individuum selbst in die Hand gegeben. Da ist zunächst nicht der Staat in der Pflicht, sondern der Einzelne selbst und die soziale Gesellschaft vor Ort.

Das fängt bei nachgeburtlicher Betreuung, bei Bewegung und gesunder Ernährung für die Kinder an. Wer erzieht hier zur Gesundheit? Die Luft müsste doch voll sein von den Stadtteil-Kinder-Sportfesten und dergleichen. Das wäre gut gegen Fett und – man weiß es: Die Bewegung der Beine ernährt das Gehirn – gut für den Kopf. Es wird doch in jeder Stadt zehn oder zwanzig fähige Menschen geben, die einen solchen Job ausfüllen können, vielleicht sogar im kommunalen Kombilohn-Modell suchen und die in oder mit Vereinen – die teils schon Großartiges leisten – lokale Kinder-Olympiaden organisieren, zum Beispiel. Und die Kinder sind hier nur als eine Gruppe von mehreren angesprochen. Die Eltern und Großeltern sind auch gemeint.

Sport als Erziehungsziel ist in der Schule keine Nebensächlichkeit, auf die man am im Zweifelsfall am ehesten verzichten kann. Und das nicht nur da nicht. Sagen wir ehrlicherweise: Dürfte es nicht sein.

Wer ernsthafte Gesundheitsprobleme hat, muss oft lange mit Kliniken und Kassen um Organisationsfragen kämpfen, bis die richtige Hilfe gefunden ist.

Perfekt ist nichts. Aber das gesundheitliche Versorgungsniveau in Deutschland ist hoch. Internationale Vergleiche verdeutlichen das. Das gilt für Wartezeiten, für Qualität und für medizinische Innovation und für die Behandlung nach dem medizinisch Möglichen und Gebotenen. Den Anspruch hat jeder, er wird nicht durch den Geldbeutel bestimmt.

Trotzdem ist Besserung nötig. Noch gezielter als bisher und selbstverständlicher müssen die verschiedenen Sektoren – Praxen, Krankenhäuser, Reha-Kliniken, Pflege-Einrichtungen – in einem integrierten Versorgungssystem zusammenwirken. Da kann man wohl vom alten System der Polikliniken in Ostdeutschland etwas lernen.

Die Organisation des Gesundheitswesens muss jedenfalls – als Behandlungsnetzwerk – dem Gesundheitsinteresse des Kranken dienlich sein, nicht primär den überkommenen Organisationsprinzipien genügen. Ein wenig erinnert hier manches an die Parzellierung des Bildungswesens, wo der Mensch leicht zur Schnittmenge von Strukturen wird, statt in ihrem gemeinsamen Mittelpunkt zu stehen.

Rolle der Städte

Auch der mobile und flexible Mensch lebt an einem konkreten Ort. Wie werden unsere Städte aussehen?

In einer mobilen Gesellschaft gewinnen die Städte – oder allgemeiner gesagt: die kleinen Einheiten – sogar an Gewicht. Klingt paradox, aber stimmt. Kommunalpolitik ist nicht das Kellergeschoss der Politik, sie ist eine tragende Säule der Demokratie. Man muss den Städten Möglichkeiten geben, ihr eigenes Gesicht zu gestalten. Jede Stadt ist ein Unikat, und sie sollte das selbstbewusst sein.

Ein Beispiel: Wir werden wachsende und wir werden schrumpfende Städte haben und welche dazwischen. Da ergibt sich sehr unterschiedlicher Handlungsbedarf. Gelingen kann es in jedem Fall, wenn man nur rechtzeitig und zielgerichtet handelt.

Was wir als Gesellschaft wollen, das gelingt oder missglückt am konkretesten und unmittelbarsten vor Ort, in den Städten und Gemeinden. Denn sie sind der Humus für Menschen, die immer mehr mit einem globalisierten Leben konfrontiert sind. Vor Ort zählt der Einzelne, gibt es Einwirkungsmöglichkeiten für ihn, kennt er sich aus, gewinnt er Sicherheiten im Trubel der Zeit.

Stadtluft macht sicher?

Ich will's nicht überhöhen, aber da ist was dran. Stadtluft macht frei, das richtete sich noch vor hundert Jahren gegen den Mief einer uninspirierten, fortschrittsunwilligen Dörflichkeit mit hoher sozialer Kontrolle, aus der nur Einzelne auszubrechen vermochten.

Nun stimmt es wieder: Stadtluft macht frei. Frei zur Individualität und frei zur Gemeinschaft in einer Welt, in der der Einzelne sich sonst leicht verliert. Die Stadt gibt Sicherheit, ja.

Kein ganz neuer Spruch: global denken, lokal handeln.

Auch alte Sprüche können wahr sein. Wir müssen eben damit ernst machen. Die Verantwortung der Städte für das Gelingen des gesellschaftlichen Miteinanders wächst noch. Die Vorstellung einer Hierarchie in der Politik – wobei der Bund die Kommandostelle und die Länder die Einsatzleitung, die Kommunen aber nur die ausführende Bürokratie und damit nachrangig sind – war schon immer falsch. Auch ein Beispiel für das manchmal bedenklich schablonenhafte Zuständigkeitsdenken der Politik.

Jetzt wird diese Sicht der Dinge nachgerade absurd. Die Kommune ist essentieller Teil der Gesellschaft und unserer Demokratie. Der Sozialstaat ist auf die Gemeinschaft der Individuen bezogen und behält seine Rolle als Gesetzgeber. Die soziale Gesellschaft aber baut sich vor Ort auf. In den Städten entscheidet sich in hohem Maße die Lebensqualität, die Verbindung individueller Lebensläufe mit dem Gesellschaftsentwurf.

Ob wir an die Kinder denken oder an die Älteren, an die Heranwachsenden oder die ganz Alten: Städte brauchen gesellschaftliche Netzwerke und sie brauchen engagierte Bürgerinnen und Bürger. Sie brauchen Kommunalpolitiker, die wissen: Alle großen politischen Themen schlagen sich nieder vor Ort bei den Menschen und brauchen hier eine zeitgemäße Antwort.

Übrigens auch die ökonomischen Herausforderungen: Die Metropolen vor allem, aber auch die dezentralen Zentren, mit ihrer Magnetwirkung und ihrer Strahlkraft ins Umfeld gewinnen noch an Gewicht.

Was muss die soziale Stadt von heute für morgen bedenken?

In manchen Städten gibt es schon ausreichend alten- und behindertengerechten Wohnraum, aber nicht überall. Vor allem: Der Bedarf wächst. Ziel muss es sein, dass möglichst viele der bald über 27 Millionen betroffenen Menschen lange autark in ihren Wohnungen leben können und nicht in stationäre Einrichtungen umziehen müssen. Viele wünschen sich das so: Einen alten Baum verpflanzt man nicht.

Und natürlich muss es auch die erforderlichen Dienste geben, in der nötigen Vielfalt, damit ein solches Netzwerk belastbar funktionieren kann. Der Markt regelt da einiges. Aber die Städte müssen einen Blick darauf haben und nötigenfalls selbst aktiv werden. Hier gilt in besonderer Weise der Anspruch auf eine Marktwirtschaft, die sozial ist.

Eine koordinierte, qualifizierte Beratungsstruktur für alle, die Auskunft und Unterstützung brauchen, ist nötig. Im eigenen oder im Betreuungsfall etwa von nahen Angehörigen. Dazu gibt es viele verdienstvolle Ansätze. Die müssen optimiert werden und vernetzt.

Die Älteren und die Alten sind in der Pflicht, aber sie müssen auch erkennbar eingeladen sein, in den gesellschaftlichen Strukturen der Stadt mitzumachen und ihrer Mitverantwortung gerecht zu werden.

Besondere Aufmerksamkeit braucht die Situation der Kinder und der Jugendlichen. Mit dem Angebot an guten Betreuungsplätzen für Kinder im Vorschulalter muss es jetzt vorangehen. Noch ist der objektive Bedarf größer als die Nachfrage und das Angebot wiederum hängt hinter der bisherigen Nachfrage deutlich zurück. Bis 2010 und dann bis 2013 muss die Nachfrage steigen und muss das Angebot komplett sein.

Dabei ist es wichtig, die Eltern – zumal die aus fremdsprachigen Familien – in die Elternarbeit von Vorschule und Schule so einzubeziehen, dass sie ihren Kindern eine Hilfe werden für deren Lebens- und Berufschancen. Zu Elternabenden muss so eingeladen werden, dass solche Eltern das auch lesen und verstehen können.

Die schwächeren Schüler und die Schulabbrecher und -verweigerer dürfen nicht aufgegeben werden. Für viele von ihnen gibt es eine reelle Chance, wenn ihnen Brücken gebaut werden ins Ausbildungs- und Erwerbsleben. Zuerst zum nachgeholten Schulabschluss.

Das können nur hoch kommunikative Städte, die ihre Bürger erreichen und aktivieren.

Kein kleines Problem, auch weil lokale Nachrichten immer weniger Menschen erreichen und stattdessen beliebige Informationen und Kommunikationsvielfalt dominieren. Die tragen zu einer Identifizierung mit „meiner Stadt" wenig bei. Die Debatte um die Perspektiven der Stadt muss organisiert werden. Die politischen Parteien – nicht nur sie, aber sie auch – haben da eine wichtige Aufgabe.

Es wird vermutlich auch in Zukunft so sein, dass in den Städten nicht nur die freien, verantwortungsbewussten Bürger mit dem Ehrenamt leben, sondern die Arbeitslosen, die Abgehängten, die Ausgeschlossenen.

Allerdings. Aber wenn die Kluft zu ihnen nicht größer werden soll, gibt es keine Alternative zur aktiven Stadt. Das alles macht Arbeit. Wer soll sie tun? Die Bürger, die Arbeit und Sicherheiten haben – und die Bürger, die Arbeit und Sicherheiten suchen. Beide sind gefordert.

Ich habe es an anderer Stelle schon gesagt: Die Arbeitslosigkeit können wir nur ganz überwinden, wenn wir der einfachen gesellschaftlichen Arbeit Anerkennung verschaffen. Sicher könnten kommunale Kombilohnmodelle genutzt werden, nötige und attraktive zusätzliche Dienstleistungen der Stadt für die Bürgerinnen und Bürger zu organisieren, in Büchereien, in Vereinen, bei Sonderaktionen, und und und. Und der schon erwähnte Haushalt als Auftraggeber kann in diesem System ein wichtiger Aspekt sein.

Die Stadt, die kleine Einheit, entscheidet darüber, ob der Sozialstaat von der sozialen Gesellschaft getragen wird. Der Staat ist auf die Stadt angewiesen.

Zuwanderung

Trotz Integrationsgipfel und Sprachtest: Verdrängen wir nicht immer noch Bedeutung und Wirkung der Zuwanderung auf unsere Land?

Oh ja. Deutschland ist seit 50 Jahren Einwanderungsland. Aber wir haben kein stimmiges Verhältnis zu diesem Phänomen entwickelt: „Wir holten Arbeitskräfte, aber es kamen Menschen".

Das Thema hat höchste Dringlichkeit, denn es verändert unsere Gesellschaft massiv. Über 15 Millionen Menschen mit Migrationshintergrund – welch ein Wort – leben in Deutschland. Weitere Menschen werden in unser Land kommen, dazu trägt auch die Freizügigkeit innerhalb der EU bei. Einige werden auswandern. In der Bilanz wird die Zahl der Zuwanderer überwiegen.

Vor allem: Die Zahl derer, die sich als Zuwanderer fühlen, als nicht voll Integrierte, als Separate, als Andere, als in einem fremden Land Lebende, wird immer größer. Denn viele Zuwanderer geben ihr ausdrückliches Nicht-Deutsch-Sein an ihre nachwachsende Generation weiter. Und die ist zahlreich. Und zu viele fühlen sich schon heute nicht voll zugehörig.

Wir müssen klären: Wer soll zukünftig zu welchem Zweck und zu welchen Bedingungen aus Nicht-EU-Ländern zuwandern können? Und wie soll deren Integration und die der hier Geborenen forciert werden oder soll sie das gar nicht? Was beinhaltet Integration?

Wer soll kommen?

Die Idee, die der französische Staatspräsident Sarkozy in Europa vertreten hat, die von der zirkulären Migration, muss abgelehnt werden. Die Vorstellung, wir holen 300.000 Arbeitskräfte aus Afrika nach Europa, wenn wir sie brauchen und schicken sie zurück, wenn wir sie nicht mehr brauchen, ist doch die Wiederholung des Irrtums über die Gastarbeiter.

In Meseberg hat die Koalition beschlossen: Wir brauchen eine Zuwanderung, die sich nach unserem Bedarf richtet. Ich sage: Orientiert an einem Punktesystem. Wenn jemand nach diesen Maßstäben kommen darf, dann ganz und gar, mit Haut und Haar. Der darf kommen, mit dem Ehepartner, mit den Kindern, er soll hier sesshaft werden, er kann Deutscher werden, sollte sogar. Er darf bleiben, immer. Es ist Verdrängung, wenn wir uns vormachen, wir könnten Menschen nach Belieben wegschicken, die wir hierher geholt haben.

Bei hoher Arbeitslosigkeit steigt das Risiko, dass Zuwanderern mit Fremdenfeindlichkeit begegnet wird.

Deshalb ist es auch richtig, bei der Feststellung von Zuwanderungsquoten restriktiv zu sein und zunächst zu beachten: Möglichst soll alle Arbeit von denen gemacht werden, die schon legal im Lande sind. Qualifizierte Zuwanderung darf kein Alibi werden für Vernachlässigung der vorhandenen Potentiale. Der globale Arbeitsmarkt darf nicht zu Lasten der Menschen ausgebeutet werden, die in Deutschland leben. Übrigens auch nicht zu Lasten der Heimatländer, die ihre mobilen Menschen oft dringend selbst brauchen.

Wichtig ist in diesem Zusammenhang, dass Zuwanderung endlich hauptsächlich von Arbeits- und Bildungspolitikern gestaltet werden muss. Denn sie müssen –

mehr als die Innenpolitik – mit den Konsequenzen fertig werden.

Die Migranten wiederum müssen das Grundgesetz wirklich akzeptieren. Kirche oder Moschee, Bibel oder Koran oder beides nicht – Entscheidungen, die frei, individuell getroffen werden können. Aber Gewalt ist nicht erlaubt, nicht gegen Frauen, nicht gegen Söhne und Töchter, Zwangsheirat ist nicht erlaubt. Das Grundgesetz gilt und die Freiheiten, die es garantiert, stehen den Zugewanderten und den hier geborenen Kindern der Migranten als Recht zu. Alles andere ist ins Belieben gestellt. Das Grundgesetz gilt für alle Menschen in Deutschland verbindlich. Es kann auch nicht durch religiöse Traditionen oder Vorschriften ausgehebelt werden.

Die fremdsprachigen Medien – speziell solche, die unter dem Einfluss der Herkunftsländer stehen, – müssen die Integration unterstützen und dürfen ihr nicht zuwider schreiben oder senden.

Eine wichtige Funktion kommt Migranten mit entsprechender Qualifikation und solchen zu, die die Bildungschancen erfolgreich nutzen. Das sind nicht wenige und es werden mehr. Sie müssen helfen, aufzuklären.

Soll die Integration, wie Sie sagen, forciert werden?

Ich fürchte, dass wir diese Problematik zu harmlos sehen. Viele versuchen viel. Auch die Bundesregierung. Und das hilft. Ich begrüße das. Aber die Mischung aus Desinteresse, Dünkel und Widerborstigkeit, auf die das stößt, ist nicht zu übersehen. Eile tut Not. Ich habe schon gesagt, dass es auch die Verweigerung von Integration gibt, die an die Kinder weitergegeben wird. Aber das sind Kinder, die hier geboren sind. Die hier ihre Heimat haben und hier leben wollen, nicht in den Herkunftsländern ihrer Eltern und

Großeltern. Sie haben deutsche Rechte, nach unserem Grundgesetz.

Deshalb brauchen wir in der Tat forcierte Anstrengungen, um sie früh an die deutsche Sprache heranzuführen. Sie ist der Schlüssel zur Integration, weil sie der Schlüssel zum Bildungserfolg ist. Und damit zur Teilhabe an Arbeit und Demokratie. Es ist nicht human, wenn eine Gesellschaft einen Teil ihrer Kinder von vornherein einem Außenseiter-Schicksal überlässt. Und für den Zusammenhalt unseres Gemeinwesens kann es zur echten Gefahr werden.

Wenn wir manche Städte in England, Frankreich oder den USA ansehen, dann können wir sehen: Wir habe gute Chancen, diese Aufgabe zu lösen. Es läuft bei uns bisher besser als anderswo. Das Wichtigste bleibt: Wir müssen es wirklich wollen. Abwarten ist zuwenig.

Persönliche Daten vor Missbrauch schützen

Sie haben die modernen Techniken von Information und Kommunikation angesprochen. Fortschritt oder Risiko?

Die rasante Entwicklung in diesem Bereich ist eine Revolution, wie es Gutenbergs Erfindung des Buchdrucks mit beweglichen Lettern war. Jetzt ist alles Wissen der Welt punktgenau und jederzeit verfügbar. Und immer mehr Menschen können unkompliziert jederzeit miteinander Kontakt haben und sich austauschen.

Ein technischer Fortschritt, ohne Frage. Mit großer ökonomischer Wirkung. Auch mit großer gesellschaftlicher Wirkung. Mit Konsequenzen für uns alle, ob wir diese neue Kulturtechnik neben Lesen, Schreiben und Rechnen nun selbst intensiv nutzen oder nicht.

Ob es ein rundherum menschlicher Fortschritt wird wie das Buch, das muss sich noch zeigen. Vor allem daran, ob das Missbrauchspotential, das in dieser Technik steckt, im Griff gehalten und minimiert wird.

Zum Beispiel in Bezug auf die persönlichen Daten jedes einzelnen Menschen.

Stichwort Datenschutz. Da scheint ja einiges außer Kontrolle zu sein. Was wollen Sie schützen und wie?

Zur Person, zur Bankverbindung, zur Gesundheit, zur Mobilität, zu Kontakten, zu Lebensgewohnheiten generell, zum Beispiel zu dem, was jemand liest oder hört oder sieht, zum Wohnumfeld, zu Urlaubszielen, zu Einkaufsgewohnheiten – zu jedem dieser Lebensbereiche und zu mehr gibt es Informationen. Viele sind gesammelt, vertraulich oder sind ableitbar. Dagegen ist nichts einzuwenden.

Aber wer diese Daten besitzt, kann sie auch gebrauchen, um sie zu missbrauchen. Wird vieles gesammelt und gebündelt, wird das Bild vom gläsernen Menschen immer konkreter.

Das kann Einbruch in die Privatsphäre werden, was sonst. Nun muss man nicht unnötig Angst machen, aber die verschiedenen Nachrichten zu diesem Komplex in den letzten Monaten und Wochen sind besorgniserregend. Es gibt offensichtlich bereits massiven kriminellen Missbrauch.

Also Sicherungen gegen Missbrauch schaffen?

Ja. Ich weiß persönlich nicht, wie das geht, aber ich sehe die Gesellschaft, die Politik in der Pflicht, dafür zu sorgen. Jeder einzelne ist wohl auch selbst gefordert. Beruhigen dürfen wir uns da nicht.

War unsere Gesellschaft, die Politik bisher nicht sensibel genug für dieses Problem?

Vielleicht ist es in gewissem Umfang auch ein Generationenproblem. Meine Generation kennt überwiegend die Vielfalt und Tiefenwirkung dieser Techniken nicht oder nicht genau genug. Man beruhigt sich damit, dass ein gutes Gewissen ein sanftes Ruhekissen sei. Man ist sorglos, weil man das Verhängnis nicht sieht. Aber jede Verharmlosung ist gefährlich. Da müssen wir wohl alle dazulernen. Gerade auch meine Generation. In diese Dinge muss Ordnung. Und zwar zügig.

Das tangiert die Würde des Menschen massiv.

5. Schritte in die richtige Richtung

Nach zehn Jahren Regierungsverantwortung der SPD denken viele ihrer Mitglieder und Anhänger: Den Reichen ist gegeben worden. Wann sind die Armen wieder dran?

Wir haben im Kontext gedacht. Wir haben Steuern gesenkt, für alle. Zur Reformagenda gehörte, energiesparende Gebäudesanierungen deutlich zu forcieren. Arbeitslosigkeit zu bekämpfen. Und die Investition in die Köpfe: 3 Prozent des Bruttoinlandsproduktes werden 2010 für Forschung und Technologie ausgegeben. Das sind Steigerungen in Milliardenhöhe. Das war und ist auch Wachstumspolitik, die das Niveau der Sozialpolitik hebt und Arbeit schafft.

Nur wenn man beachtet, dass Wirtschaft, Ökologie und das Soziale kompatibel sein müssen, wird man erfolgreiche Politik machen können mit dem Ziel von Gerechtigkeit. Das hat unsere politischen Entscheidungen in der zweiten Hälfte der Regierung Schröder geprägt.

Wie erklären Sie sich, dass diese Teile der Schröder-Agenda im öffentlichen Bewusstsein gar nicht als Teil des Reformpakets wahrgenommen werden?

Weil wir zu wenig darüber sprechen, jedenfalls zu defensiv, zu selbstzweiflerisch. Wenn man sich selbst geniert, kann man nicht erwarten, dass andere einen loben. Wir haben zugelassen, dass die Agenda verkürzt wird auf Hartz, genauer auf Hartz IV, und da wiederum auf den Wegfall der Arbeitslosenhilfe. Und: Weil eine Mischung aus Betroffenen – die ich verstehe – und Ignoranten und Populisten –

die ich nicht akzeptierte – bis hin zu Koalitionspartnern die eingeschlagene Linie systematisch diffamieren und problematisieren.

Wie beschreiben Sie den Kern der Hartz-Gesetze?

Mit den Hartz-Gesetzen haben wir zwei Prinzipien verstärkt, die für die Zukunftsfähigkeit wichtig sind und zu denen ich stehe. Das erste heißt: Wenn jemand arbeitslos ist, aber arbeitsfähig, dann sehen wir in ihm keinen Sozialfall. Wir wollen ihn und er soll sich selbst auf Arbeit orientieren, nicht auf den Dauerbezug von Sozialhilfe. Was zumutbar ist, haben wir deshalb neu festgelegt. Wir haben jetzt eine Zumutbarkeitsregelung, die zweifellos anstrengender ist als die alte. Heute sagen wir: Wer drei Stunden am Tag arbeiten kann, ist erwerbsfähig. Ihm ist Arbeit zuzumuten. Er muss diese Arbeit aber auch finden können. Dabei helfen wir ihm. Wir haben ihn aus der passiven Sozialhilfe herausgeholt. Nach dieser Definition haben wir 600.000 bis 700.000 Arbeitslose mehr im Vergleich zu Niederlande oder Großbritannien, wo Zumutbarkeit anders definiert wird. Besser geht es den Betroffenen dort aber nicht. Sie sind Sozialhilfeempfänger und abgeschrieben. Da ist der Unterschied. Deren nationale Statistik ist hübscher. Die Lage der Langzeitarbeitslosen aber hoffnungslos, lebenslang.

Der Zustand vor diesen Reformen war ein Abschieben. Die Arbeitslosenzahl war uns bewusst, die hohe Zahl der Sozialhilfe-Empfänger haben wir kaum registriert. Die allgemeine Haltung war: Ihr kriegt euer Geld, dann muss sich niemand mehr um euch kümmern, ihr selbst auch nicht. Das hat die SPD viele Jahre mitgemacht, es galt als normal.

Ja, das war so. Ich würde sogar weitergehen und sagen, wir haben uns damit auch beruhigt. Das Gefühl war: Wir sorgen für die, und dann belasten sie uns auch nicht mehr. Heute sehen wir bei der Arbeitsvermittlung: Am schwersten zu vermitteln sind Menschen, die lange arbeitslos waren, die richtig draußen waren. Eine Überraschung ist das nicht. Es werden wahrscheinlich auch nicht alle wieder Beschäftigung finden. Aber wir müssen es versuchen, für möglichst viele. Mindestens darf der Status Sozialhilfeempfänger nicht mehr vererbbar sein.

Im Übrigen gibt es auch Erfolge. Zehntausende Langzeitarbeitslose haben den Weg aus der Arbeitslosigkeit gefunden. Und jede und jeder zählt. Die Ignoranz der Agenda-Gegner ist hier unsozial.

Sie haben von zwei Prinzipen gesprochen.

Die zweite Weichenstellung war ebenfalls wichtig. Wer als Arbeitsloser aus Steuermitteln unterstützt wird, weil seine Arbeitslosenversicherung nicht mehr wirkt, hat diesen Anspruch nur in der Höhe der Grundsicherung und nur, wenn er bedürftig ist, wenn er nicht selbst Geld auf der hohen Kante hat. Da gibt es natürlich ein Schonvermögen, das nicht angetastet werden muss. Aber der Grundsatz heißt: Geld aus Steuermitteln gibt es bei Bedürftigkeit, nicht mehr gemäß früherem Arbeitseinkommen. Bei vielen Empfängern von Arbeitslosengeld II war das in der Sozialhilfe auch früher schon so.

Das sind die beiden Prinzipien, die attackiert werden. Ich halte sie für richtig. Sie müssen aber begleitet werden von rechtzeitig gezielter Qualifizierung und Aktivierung. Da passiert viel und natürlich dauert es einige Jahre, bis sich Mentalität und Praxis verändert haben und volle Wirkung entsteht. Es bleibt noch viel zu tun. Arbeitslosigkeit bekämpfen – darauf kommt es an. Arbeit schaffen. Es ist mehr möglich. Gute Arbeit ist das Thema Nr. 1 für Deutschland.

Gleichwohl: Hartz ist ein Schimpfwort geworden. Es wird lange dauern, das zu ändern.

Sehen Sie eigene Fehler, die dazu geführt haben, bei der rot-grünen Regierung, bei Schröder, bei sich selbst?

Ich habe gewusst, dass diese Politik sehr schwierig sein würde. Wir haben ja keine ausreichende Phase der Erklärung vor der Agenda gehabt und hatten keine rechtzeitige Debatte, die Verständnis gesucht und den Boden bereitet hätte. Wir haben an bequemen Gewohnheiten gerüttelt. Das löst Gegenreaktionen aus, klar. Es wurde entschieden, in den Koalitionsfraktionen, in den Parteien, in der Regierung und dann umgesetzt.

Die Reformen kamen, mit anderen Worten, ziemlich plötzlich.

Das ist wahr. Das war wie eine Operation ohne Betäubung. Aber eine dringend nötige. Auch damals hat mich die Frage schon beschäftigt: Wäre es anders überhaupt möglich gewesen? Aber wir konnten nicht ein, zwei Jahre dazu diskutieren – wir mussten handeln und darauf setzen, dass wir im Laufe des Verfahrens davon überzeugen, dass diese Reformen nötig sind. Ich bin sicher, so ist es. Dass die Reformen erfolgreich sind, das hat sich ja gezeigt.

Die SPD war eine große Ideengeberin für das, was wir Sozialstaat nennen. Als er Realität wurde, haben die Unionsparteien regiert, in Wirtschaftswunderzeiten, als Wohltaten verteilt werden konnten. Und als er in den 1990er in Schwierigkeiten geriet, hat Helmut Kohl sich vor unpopulären Reformen ge-

drückt. Der SPD blieb dann gar nichts anderes übrig, als sie
zu machen. Haben Sie manchmal das Gefühl, dass darin fast
eine historische Tragik liegt?

Na, das hört sich ja traurig an, Tragik. Ganz einfach: In den
90er Jahren haben wir in Deutschland alle, Kohl und die
Union vorneweg, die Einheit gefeiert. Wir haben uns vor-
gemacht, damit seien die Probleme gelöst. Die Freiheit hatte gesiegt, die Einheit war da, die Mauer war weg, der
Atomkrieg kein Thema mehr, und die Landschaften würden in absehbarer Zeit blühen. Zukunftsangst war weg,
Gegenwartsemphase dominierte, die Welt war in Ordnung.

Wir haben ignoriert, was in anderen Ländern als Reform schon im Gange war. Ignoriert und geglaubt, dass
wir das ökonomisch leicht schultern. Die gesellschaftlichen
Wirkungen sowieso. Das waren die 90er Jahre, die mit der
Einheit so großartig begonnen, die aber dann für Deutschland verschlafene Jahre gewesen sind. Jetzt müssen wir
aufpassen, dass das nächste Jahrzehnt nicht wieder so ein
vertanes Jahrzehnt wird. Deutschland braucht den Impuls
nach vorne.

Das muss besser vorbereitet werden, als wir das 2003
machen konnten. Wir brauchen eine Debatte, quer durch
alle Parteien und durch die politische Gesellschaft über
die Dinge, die vor uns stehen. Ernsthaft, kreativ, mutig,
entschlossen.

Scharf kritisiert wurden die Reformen von den DGB-Gewerk-
schaften. Waren die Gewerkschaften auf der Höhe der Zeit?

Alle, nicht nur die Politik, waren in Deutschland in den
1990er Jahren nicht auf der Höhe der Zeit. Selbst in der
ersten Periode von Rot-Grün waren wir es nicht im nötigen
Umfang und mit der nötigen Anstrengung. Erst nach der

Wahl 2002 haben wir dann voll verstanden, dass mehr passieren muss.

Es ist ein fundamentaler Unterschied, ob man regiert und die Verantwortung fürs Ganze trägt oder als Gewerkschaft Interessen vertritt und bestimmte Entwicklungen begleitet. Politik hat die Gesamtverantwortung und muss das Risiko eingehen, Entscheidungen zu treffen, deren Wirkung nicht bis zum letzten Punkt und auf der langen Strecke berechenbar sind.

Das unterscheidet uns von Gewerkschaften. Das ist so in Ordnung. Gewerkschaften sind keine Parteiengewerkschaft, aber wir sind auch keine Gewerkschaftspartei.

Gewerkschaften vertreten Interessen und Politik hat die Verantwortung?

Ja, und das ist kein Vorwurf, ich beschreibe nur die unterschiedlichen Rollen. So funktioniert Demokratie. In ihr müssen die Menschen ihre Interessen bündeln, organisieren und erstreiten können. Nötigenfalls auch erstreiken. Starke Gewerkschaft und starke Arbeitgeberverbände, das war ein Pluspunkt für unsere Demokratie. Das soll auch so bleiben.

Gewerkschaften haben in diesen Jahren mit Recht signalisiert: Ihr müsst mehr tun für die Arbeitnehmerinnen und Arbeitnehmer. Wir haben versucht, pragmatische Antworten zu geben. Eine Partei, die regiert, hat da eine ganz andere Rolle als die Gewerkschaften. Zwischen SPD und Gewerkschaften ist es immer zu Spannungen gekommen, wenn die SPD Regierungsverantwortung hatte. Das ist strukturell bedingt.

Die Gewerkschaften haben es heute nicht leicht. Auch ihre Welt verändert sich rasch und tiefgreifend. Die Globalisierung des Arbeitsmarktes erfordert Reaktionen. Gewerkschaften sind konfrontiert mit der Frage der Zumutbarkeit von Arbeit, die ich eben beschrieben habe. Sie sind konfrontiert damit, dass sich das Senioritätsprinzip nicht mehr garantieren lässt, das Gewerkschaften so wichtig gehalten haben.

Haben die Gewerkschaften sich zu lange an Besitzstände geklammert, die nicht mehr zu halten waren?

Einige schon. Man kann Unterschiede erkennen im Handeln der einzelnen Gewerkschaften. Die Gewerkschaften müssen ihre Rolle in stark veränderten Strukturen wahrnehmen. Die großen Betriebe mit 10 000 Beschäftigten oder mehr werden immer weniger. Die Flughäfen sind bald die größten Unternehmen, die wir haben. In den kleineren und mittleren Unternehmen ist gewerkschaftliche Organisationskraft schwerer zu entwickeln.

Die Gewerkschaften stehen wie die SPD, wie die anderen Parteien, vor der Frage, wie sie sich auf die neuen Herausforderungen einstellen. Sozialpolitik in Europa zu organisieren – wie geht das eigentlich? Wie setzen sich gewerkschaftliche Interessen durch in europäischen Unternehmen, die in Großbritannien, in Frankreich und hier gleichzeitig ihre Standorte haben und wo die Arbeitnehmer gegeneinander ausgespielt werden können. Wie kann man die deutsche Mitbestimmung in europäische Aktiengesellschaften hineintragen? Die Gewerkschaften wissen, dass Gerhard Schröder auf dieser Ebene viele gute Entwicklungen in Europa angestoßen hat.

Einen Schritt zurück. Sie haben gesagt, in der ersten Wahlperiode hat Rot-Grün nicht genug getan. Was war denn für Sie persönlich ein ausschlaggebend dafür, eine andere Gangart einzulegen?

Mein Damaskus war das letzte Quartal 2002. Wir hatten als rot-grüne Koalition die Bundestagswahlen gewonnen. Gerhard Schröder und Joschka Fischer. In der Vorbereitung auf die dann kommende Wahlperiode wurde klar: Das sinkende oder bescheidene Wachstum wird zur ernsten Gefahr für die Staatskassen. Mein Gefühl war: Die Sache wird politisch knapp, die wird verdammt knapp. Wir haben darüber gesprochen, dass wir so nicht weiterkommen. Wir müssen einen anderen Ansatz suchen, wir müssen uns ehrlich machen.

Wir wollten keine Haushalte aufstellen, die zu Beginn des Jahres sich gesundrechnen, während doch das Verschuldungsfieber schon steigt. Wir wollten sicheren Boden unter den Füßen. Auch wenn der Boden steinig war.

Es drohte ein politischer Handlungsverlust?

Kann man so sagen. Im letzten Quartal 2002, nach der Bundestagswahl, ist bei mir jedenfalls die Erkenntnis gewachsen. Die Ahnung war ja längst da, die Frage auch, ob das eigentlich noch lange funktionieren kann. Die Situation nach der Wahl war so, dass wir es auf den Punkt bringen mussten. Besser wachrütteln, als in Watte legen, da waren wir uns einig. Sonst bleiben wir hinter unserer, ja, auch historischen Aufgabe zurück.

Daraus ist die Agenda entstanden. Sie wäre schon ein paar Wochen vorher gekommen, wenn nicht im Februar die Wahlen in Niedersachsen und in Hessen gewesen wären, von denen wir immer noch hofften, sie würden gut ausgehen. Aber diese Wahlen sind ganz und gar nicht gut gegangen für die SPD. (Vor der Reform! Anmerkung für die, die alles Elend dieser Zeit der Agenda zuordnen.) Mitte März kam dann die Agenda.

Sie sagen, das Gefühl sei aufgekommen, diese Regierung versäume ihre historische Aufgabe. Gab es Diskussionen, bei denen man in diesen Begriffen darüber geredet hat?

Haben wir über historische Aufgaben gesprochen? Ich weiß nicht mehr, ob diese Vokabel eine Rolle spielte. Aber den Ehrgeiz hatten wir schon, dem Land neuen Schwung zu geben nach diesen selbstzufriedenen 90er Jahren. Wir haben darüber gesprochen, dass wir als unglaubwürdig dastehen, wenn wir so tun, als hätten wir alles im Griff. Wir wussten, dass die Schuldenaufnahmen nicht weiter explodieren durften. Je länger die Sanierung verzögert würde, umso größer würden die Probleme für die Jahre danach. Das alles war im Bewusstsein. Auch die negativen Wirkungen für den Arbeitsmarkt, wenn nichts passierte.

Ich will es so sagen: Das Gefühl einer Verpflichtung, ordentlich zu arbeiten und den eigenen Ansprüchen gerecht zu werden zum Nutzen des Landes, das hat uns dazu gebracht. Wir waren ehrlich zu uns und zu den Menschen: Die Einkommen des Staates werden zu gering sein. Das Wachstum zu niedrig. Die Sozialsysteme, die Rentenversicherung kosten mehr und mehr. Wir müssen kräftig und bald in Bildung investieren. Hier tauchen Lücken auf, und da tauchen Lücken auf und werden zu Kratern. Das alles ist nur noch mit einer großen Anstrengung zu schaffen, die neue Wachstumspotentiale eröffnet.

Das bedeutet: Arbeitslosigkeit bekämpfen. Die Menschen aus der Mentalität des Versorgungsstaates heraus- und in einen vorsorgenden und aktivierenden Sozialstaat, in eine soziale Gesellschaft führen, in der die Eigenverantwortung und die Verantwortung aller füreinander eine größere Rolle spielen. Solche Dinge sind schon besprochen worden, ja.

Wer hatte am ehesten eine Ahnung davon, was damit auf die SPD zukommt?

Gefühlt haben wir alle, dass das schwierig sein würde. Es hat Gesprächssituationen gegeben, in denen überlegt worden ist: Muss man das denn vorher beschließen lassen? Zum Beispiel auf Parteitagen. Das war ja etwas anderes als das, was im Wahlkampf eine Rolle gespielt hat und im Wahlprogramm stand.

Es gab keine hochrangige Legitimation über den Parteivorstand hinaus für das, was wir uns vorgenommen haben. Aber wir selbst und die Grünen waren zu der festen Meinung gekommen: Das ist die Konsequenz aus dem Regierungsauftrag. Und die Parteitagsbeschlüsse gab es später auch noch.

Es ging gar nicht mehr anders, als diesen Weg einzuschlagen?

Das war unser Eindruck, ja. Wenngleich das zu sehr nach Notlösung klingt. Wir waren aber sehr überzeugt von dem, was wir uns vornahmen. Das war ein Konzept, kein blinder Befreiungsschlag.

Und die anderen Fragen waren demgegenüber nachrangig?

Ja. Als Gerhard Schröder im März 2003 im Bundestag die Agenda-Rede gehalten hat, kam von unserer Seite großer Beifall, und zum Teil auch von den Konservativen. Ich habe ihm als Fraktionsvorsitzender gleich zu Beginn meiner Rede versprochen: Herr Bundeskanzler, wir machen das jetzt so. Das war auch Ausdruck meines Gefühls: Das wird ganz schwer. Ich habe ganz früh dicht gemacht und jeden Schritt im Bundestag namentlich abstimmen lassen. Bei einer hauchdünnen Mehrheit. Die Fraktion hat intensiv diskutiert und entschlossen gehandelt. Ich hatte großen Respekt davor. Es hat dann viele Diskussionen in der Öffentlichkeit gegeben. Auch in der SPD. Beim Bochumer Parteitag Ende 2003 haben die Delegierten dem Ganzen zugestimmt.

Aus der Regierungszeit Gerhard Schröder werden diese beiden Dinge in den Geschichtsbüchern auf der Haben-Seite stehen: Die Agenda und das Nein zum Irak-Krieg.

Dieser Parteitag hatte aber Folgen.

Das war da nicht leicht, ja. Aber Gerhard Schröder hat gekämpft. Er wusste: Zuerst ist er Bundeskanzler der Bundesrepublik Deutschland. Auch auf Parteitagen. Dafür habe ich ihn sehr geschätzt. Diese Standfestigkeit muss man erst mal haben.

Nach Bochum kam allerdings bei Gerhard Schröder die Überlegung auf, den Parteivorsitz abzugeben an mich. Mir ist das nicht leichtgefallen. Ich wusste, das verändert die Statik. Letztendlich wurde ich aber doch zu gerne Parteivorsitzender der Sozialdemokratischen Partei Deutschlands, als dass ich mich verweigert hätte. Im März 2004 kam es zum Wechsel. Es war der Versuch, eine stärkere Hinwendung zur Partei, auch Akzeptanz in der Partei für den Reformkurs zu organisieren. Man kann nicht sagen, dass das rundum gelungen wäre. Aber das hängt damit zusammen, dass zu wenige dabei mitgeholfen haben. Ich selbst machte und mache immer wieder die Erfahrung, dass man in der SPD und in der Bevölkerung sehr wohl erklären und davon überzeugen kann, dass die Reformen richtig waren. Einiges habe ich bewegen können. Aber ich hatte dann nicht lange genug Zeit.

Im Grunde war es aber nur eine kleine Gruppe, nicht einmal die gesamte SPD-Führung, die davon überzeugt war. Eine zu kleine Gruppe?

Da ist was dran. Zu viele waren in den Büschen, statt für die Sache zu kämpfen. Das ist ja auch heute noch so. Dass man lauwarm zähneknirschend die Reformen akzeptiert, das ist zu wenig und ergibt viele Missdeutungen und Behauptungen, die bis heute in der Welt sind. Ein typisches Beispiel dafür, wie etwas medial misslingen kann. Trotzdem war es in der Sache richtig. Wenn wir es nicht gemacht hätten, sähe es heute in Deutschland düsterer aus. Da bin ich ganz sicher. Bei der Bundestagswahl 2009 wird die Agenda aber nicht mehr das entscheidende Thema sein. Es geht jetzt um das nächste Jahrzehnt, aufbauend auf dem Erreichten.

Hatten Sie bis zur Neuwahl nie das Gefühl: Wir sind wirklich zu weit gegangen, hätten wir es nicht etwas langsamer machen können.

Gar nicht. In dieser Reform-Agenda sind viele gute Sachen enthalten. Das war eine überlegte, kalkulierte Initiative, die dem Staat mehr Geld bringen sollte und brachte, weniger neue Schulden erforderlich machte und ihn in den Stand versetzt hat, mehr zu investieren und Arbeitslosigkeit zu reduzieren.

Vieles davon ist gelungen. Dass die Einkommen der Menschen nicht zugenommen haben in den vergangenen Jahren, hat nichts zu tun mit Hartz IV oder mit der Agenda. Sondern mit dem unzureichenden Wachstum in diesen Jahren. Es wäre aber schlimmer geworden, wenn wir nicht dies in Bewegung gesetzt hätten. Ein relativer Erfolg, zugegeben, aber auch das ist ein Erfolg.

Die Menschen, die früher in der Sozialhilfe waren, stehen jetzt bei der Arche oder der Tafel in der Schlange, sie sitzen bei Anne Will auf dem Betroffenensofa. Wir sehen Menschen, die wir vorher nicht wahrnehmen wollten. Viele denken: Hartz IV ist die Ursache für die Armut.

Besonders bei der Kinderarmut wird das den Menschen eingeredet. Aber es stimmt nicht. Im Januar 2005 ist die Arbeitslosigkeit sprunghaft angestiegen. Statistisch! Tatsächlich sind in den Städten ungefähr 95 Prozent der erwerbsfähigen arbeitslosen Sozialhilfeempfänger in das neue System der Grundsicherung gekommen, in Berlin fast 100 Prozent. Für die kommunalen Kassen, die für die Sozialhilfe zuständig sind, war das angenehm. Die Grundsicherung muss jetzt der Bund zahlen.

Die Konsequenz für diese Menschen: Sie haben jetzt Ansprüche, und sie stellen Ansprüche. So war das auch gedacht, und so soll das auch sein. Diese Aktivierung richtet sich allerdings auch an sie selbst. Es wird so bleiben, dass nicht alle wieder Arbeit finden. Aber viele eben doch. Diese Veränderung hat vielen geholfen, wieder auf eigene Füße zu kommen und aktiv zu sein. Wir haben ja auch Arbeit geschaffen und Brücken in den Arbeitsmarkt gebaut, soziale Betriebe eingerichtet, neue Möglichkeiten für behinderte Menschen geschaffen. Ich bin sicher, dass das menschlicher und sozialer ist, als Menschen einfach beiseite zu schieben und zu sagen: Du kriegst Stütze, stör uns nicht, sei still, halt dich raus.

Wie lautet Ihre Bilanz über die umstrittenen Ein-Euro-Jobs?

Viele finden ja, dass diese ein oder zwei Euro je Stunde für eine Arbeit zusätzlich zur Grundsicherung eigentlich nicht menschenwürdig oder doch grenzwertig sind. Aber die allermeisten Menschen, mit denen ich über ihre Erfahrungen dort gesprochen habe, sagen: Ich möchte das länger machen als nur ein halbes Jahr. Lassen Sie mich das länger machen. Weshalb? Dann kommen solche Antworten: Ich gehe zur Arbeit. Ich muss meinen Tag einteilen. Ich bin hier mit anderen Menschen zusammen. Ich kann meiner Verwandtschaft oder Bekanntschaft sagen, dass ich arbeite. Das kann eine Brücke werden in ein dauerhaftes Arbeitsverhältnis. Ich mache was, bin nützlich.

Das zeigt doch die Not, die Menschen mit der Arbeitslosigkeit, dem erzwungenen Nichtstun haben. Für die allermeisten Menschen ist Berufstätigkeit auch Sinnstiftung für ihr eigenes Leben. Sie möchten arbeiten. Vollwertige, vollzeitige, gut bezahlte Arbeitsplätze sind ihr Ziel. Aber wo es sie noch nicht gibt, müssen Wege dahin gesucht werden. Nötigenfalls Trampelpfade. Den Schwächeren, so gut es geht, eine Chance geben, in der Gesellschaft tätig und nützlich zu sein, wieder hineinzufinden. Noch mal: Gute Arbeit – darauf kommt es an. Und dafür haben wir Voraussetzungen zu schaffen. Einiges ist schon gelungen.

In der SPD hat diese Reformzeit eine große Verunsicherung hinterlassen. Auf der einen Seite ist die neue Linke entstanden, Merkel und die Union versuchen auf ihre Weise, die SPD links zu überholen. Und dazu neue Zahlen über Armut und soziale Spreizung in Deutschland.

Natürlich gibt es eine Verteilungsungerechtigkeit, und die dürfen wir auch nicht verdrängen. Kinder sind arm, weil ihre Eltern arm sind. Und die Politik ist verpflichtet zu überprüfen, ob mit der Grundsicherung der Grundsatz des menschenwürdigen Lebens eingelöst ist, in Euro und Cent. Praktisch kann das heißen, Bedarfssätze anzupassen.

Die Überprüfung läuft, und es soll zukünftig öfter als bisher nachjustiert werden.

Wir brauchen gerechte Löhne. Das Verhältnis zwischen Mini- und Maxilöhnen ist in Deutschland inzwischen inakzeptabel. Und wir brauchen Mindestlöhne. Denn es ist unwürdig, wenn Menschen voll arbeiten und sich trotzdem beim Staat zusätzliches Geld abholen müssen, um in ihrer Existenz gesichert zu sein.

Aber wir dürfen uns den Blick auf die positiven Wirkungen der Reformen nicht verstellen lassen, vor allem beim Rückgang der Arbeitslosigkeit. Anfang 2005 waren es über 5 Millionen Arbeitslose, zu Beginn dieses Jahres 3,66 Millionen. Jetzt geht es Richtung 3 Millionen. Das ist doch was.

Die europäischen Nachbarn schauen voller Interesse und Respekt auf diese Entwicklung in Deutschland.

Die SPD kann weder die positiven Entwicklungen, wie die bei der Arbeitslosigkeit, als eigene Leistung anerkennen, noch ist sie in der Lage, die neuen sozialen Probleme wirklich anzupacken. Gibt es so etwas wie ein schlechtes Gewissen wegen der Reformen?

Nötig haben wir das sicher nicht. Aber ich sehe schon, dass wir uns da manches haben einreden lassen. Zu wenig Selbstbewusstsein. Zu viel Verzagtheit. Wir haben aber auch nicht zu jedem Problem, das die Menschen nervös macht, rechtzeitig Antworten gegeben. Etwa zu den exorbitanten Managereinkommen oder Abfindungen und zur Energiepreisentwicklung.

Letztlich komme ich immer wieder zu dem Punkt: Die Politik hat es nicht hinreichend geschafft, in einem öffentlichen Diskurs und durch zielgerichtetes Handeln nötige Orientierung zu geben. Einige innerhalb und einige außerhalb der Politik haben es uns dabei mutwillig schwer gemacht. In Zukunft also: Besser machen. Alle.

Der Eindruck der Menschen ist, dass den kleinen Leuten mehr abverlangt wird als den Unternehmern oder den Reichen.

Wir leben in Deutschland seit Jahren von der Substanz und auf Pump. Von der Substanz, weil Infrastruktur verloren geht, Schulen, öffentliche Gebäude, Energie durch rückständige Bautechnik, Straßen, Kanäle. Viele Dinge müssten dringend getan werden. Auf Pump leben wir, wenn wir allein als Bund Jahr für Jahr 40 Milliarden an Zinsen bezahlen müssen. (Gott erhalte uns niedrige Zinssätze.)

Es ist gut, wenn wir im Jahr 2011 keine neuen Schulden mehr machen. Aber das heißt ja nur: Keine neuen Schulden mehr obendrauf auf die bestehenden. Damit ist doch nicht das Problem gelöst, wie die CDU es mit ihrem Steuerkonzept vorgaukelt. 40 Milliarden Zinsen im Jahr allein beim Bund kosten uns Zukunft und Investitionsfähigkeit.

Und nun zu Ihrer Frage direkt:

Für die Höhe der Löhne ist nicht der Staat verantwortlich. Auch nicht für Kosten z. B. beim Öl; Steuern haben wir gesenkt. Sozialpolitische Großzügigkeit des Staates aber, die durch hohe Zinsverpflichtungen und Abbau von Infrastruktur erkauft wird, trifft die nachkommenden Generationen und vor allem die Sozialschwachen selbst. Denn nur Reiche können sich auf Dauer einen armen Staat leisten.

Die große Koalition hat im ersten Jahr viel Geld in die Hand genommen.

Es war 2005 ein weiser Beschluss der großen Koalition, 26 Milliarden Euro in öffentliche Investitionen zu stecken, vor allem bei der Gebäudesanierung. Der Finanzminister hat das richtig eingeschätzt. Eine Win-win-win-Situation, alle haben Vorteile davon. Die Handwerker verdienen daran, der Finanzminister auch, die Bürger sparen Energiekosten und die Umwelt wird entlastet. Wir wissen nicht, wie lange der Wachstumspfad so angenehm hoch bleibt. Wichtig, so oder so: Die öffentlichen Haushalte müssen diszipliniert bleiben. Auch, damit sie zum Wachstum beitragen und Substanz sichern können. Auch durch Entlastung der Bürgerinnen und Bürger bei Abgaben und Steuern.

Sie sind zu Beginn der großen Koalition mit der Rente ab 67 vorgeprescht. Das ist eine Teilantwort auf Probleme, die sich aus der veränderten Demografie ergeben. Bis heute kann sich der DGB nicht damit anfreunden. Diskutiert Ihre Partei genug in den Milieus, in denen Lösungen wie eine längere Lebensarbeitszeit nicht ganz leicht fallen?

Nein, ganz sicher nicht. Aber genauso sicher ist, dass die Gesellschaft, der DGB, die Milieus, wie Sie sagen, das auch nicht tun. Und deren Bereitschaft brauchen wir. Die Fakten sprechen doch für sich. Nicht mehr mit 16, sondern heute mit 21 Jahren – im Schnitt – gehen die Menschen in Deutschland in den Beruf. Immer mehr Menschen können länger arbeiten, wollen es auch. Außerdem gibt es und wird es weiterhin geben: Flexible Wege in die Rentenzeit. Wir haben die Teilrente, die klassische Altersteilzeit, die Erwerbsminderungsrente. Und wer volle 45 Jahre arbeitet, für den bleibt es ohnehin beim Rentenalter von 65 Jahren. Dass es Berufe gibt, die man nicht gut bis 67 ausführen kann, stimmt. Bis 65 aber auch nicht. Das ist prinzipiell nicht neu.

Wichtig und entscheidend bleibt, dass wir uns von der alten Vorstellung trennen, Frühverrentung sei das Normale. Diese Idee wurde in den 1990er Jahren zum System erhoben und damit haben wir in Deutschland die Sicherheit der Altersversorgung in Gefahr gebracht und die Mentalität verdorben. Sozialsysteme sind nicht für die Finanzierung einer weitgehenden Frühverrentung gemacht. So ist es. Auch wenn manche sich was anderes wünschen.

Die Frühverrentung hat zu einer Mentalität geführt, die eine realistische Sicht erschwert. Es gilt fast als selbstverständlich, nicht bis 65 Jahren zu arbeiten.

Wir leben länger, und wir beziehen länger Renten. Das ist gut. Das ist ein Fortschritt. 1960 waren es durchschnittlich zehn Rentnerjahre, heute 17 Jahre, im Jahr 2020 werden wir im Durchschnitt 20 Jahre Rente beziehen. Und es werden weniger Kinder geboren. Wer also soll die Renten finanzieren? Da braucht man keine Versicherungsmathematik. Da reicht Rechnen aus der Volksschule Sauerland, um zu wissen: Das haut nicht hin. Da passt was nicht. Es ist immer die aktive, arbeitende Generation, die im Wesentlichen dafür aufkommen muss, egal, ob die Mittel aus den Sozialversicherungsbeiträgen oder aus Steuern aufgebracht werden. Wir müssen Konsequenzen ziehen. Unter anderem eben die, dass Menschen, die länger arbeiten können, auch so lange berufstätig sind. Bis 65, ab 2029 bis 67.

Im Übrigen, es wird sichtbar, dass uns die älteren Menschen im Arbeitsprozess fehlen. Die Wirtschaft ruft nach Fachkräften und wünscht sich ihre Erfahrung zurück. Wer 57 Jahre ist, kann nicht mehr so schnell laufen wie die Jüngeren. Dafür können die erfahrenen Leute andere Dinge. Diese Facharbeiter und Facharbeiterinnen sind unentbehrlich. In den 20 Jahren, in denen die Rente mit 67 realisiert werden soll, wird sich in blanke Selbstverständlichkeit verwandeln, was jetzt noch viele schreckt. Und natürlich hat jemand mit 67 einen höheren Rentenanspruch, als er es mit 65 gehabt hätte.

Vermutlich leuchten die Grundgedanken den meisten Menschen ein – und trotzdem sind die Widerstände gegen konkrete Veränderungen groß.

Man muss sich auf diese Widerstände einlassen. Hinter der allgemeinen Entwicklung – länger leben, länger arbeiten – müssen die praktikablen Lösungen sichtbar werden, die dem Einzelnen gerecht werden. Und dabei nicht nur die gesetzlichen. Die Industriegewerkschaft Bergbau, Chemie und Energie arbeitet zum Beispiel an Modellen, einen vorzeitigen Ausstieg aus der Branche, aus dem Betrieb heraus finanziell abzusichern. Es muss nicht alles dem Steuerzahler oder der Sozialversicherung auferlegt werden. Wenn körperlich besonders schwere Arbeit früher enden soll, dann kann man durch Branchenvereinbarungen entsprechende Vorsorge treffen. Dann können zum Beispiel Abschläge beim früheren Ausscheiden reduziert oder ganz vermieden werden.

Die allgemeinen großen Solidarkassen müssen also ergänzt werden, gewissermaßen durch subsidiäre Solidaritätssysteme?

Ja. Das ist ja auch im Gange. Muss aber mehr werden, wie schon vorne besprochen. Gerade die kleinen Unternehmen sind oft recht flexibel mit dem Einsatz Älterer. Wenn ich einen Handwerksmeister frage, wie er denn mit dem Dachdecker umgeht, der ja nicht bis 65 Jahre die volle Belastung aushalten kann, dann höre ich solche Antworten: Na, aufs Dach muss er nicht mehr. Aber er ist perfekt bei komplizierten Reparaturen, kann gut mit den Kunden reden, er kennt eben den ganzen Betrieb. Mit etwas Phantasie lassen sich viele Fragen beantworten.

In den letzten Jahren erleben wir einen starken Anstieg der Beschäftigten über 55 Jahren. Es ist noch nicht lange her, da war in 50 Prozent aller deutschen Betriebe niemand über 50 Jahre alt. Auch das ändert sich schnell. Das sind gute Beispiele dafür, dass eine öffentliche Debatte tatsächlich etwas verändert. In vielen Betrieben, bei vielen Menschen hat es ein Umdenken gegeben. Die Älteren werden gebraucht. Da sehe ich eine gute Wirkung unserer Politik.

Sie haben eben schon einmal das Senioritätsprinzip angesprochen, das im gewerkschaftlichen Denken eine Rolle spielt.

Die Vorstellung, dass es im Beruf immer nur den Aufstieg bei den Posten und beim Einkommen gibt, zählt zu den Gewohnheiten, die wir nicht durchgängig werden halten können. Ein Beispiel: Das Arbeitsministerium vergibt eine Auszeichnung für beispielhafte Teams von älteren und jungen Beschäftigten in Betrieben. Manchmal sind da dann die Jüngeren die Teamchefs. Die praktische Entwicklung stellt unser gewohntes Senioritätsdenken in Frage.

Dass man solche Probleme kennt, mit den Menschen darüber spricht, nach Lösungen im neuen Gesellschaftsentwurf sucht, das ist eine Voraussetzung für eine soziale Gesellschaft, die älter wird. Und das ist wichtig für die politische Meinungsführerschaft.

Lakonisch gesagt: Die Weisheit des Alters behält ihr Gewicht in der Gesellschaft. Aber wenn es ganz viele Weise gibt, relativiert sich das Exklusive dieser Weisheit.

Der garantierte Aufstieg, von dem sie sprechen, ist seit zwei Generationen ein Grundgefühl der alten Bundesrepublik, ge-

rade in der Anhängerschaft der SPD. Ein Sozialdemokrat,
der das in Frage stellt, macht sich unbeliebt.

Garantierter Aufstieg ist keine sozialdemokratische Idee, er
ist überhaupt keine plausible Idee. Aufstieg ja, und auch
die Vorstellung, die Gesellschaft so zu organisieren, dass
er möglich ist. Aber Garantie nicht. Aufstieg ist zuerst fest-
zumachen an dem Anspruch und der Möglichkeit jedes
Einzelnen, alle Bildungschancen wahrzunehmen. Eine
Aufgabe des Gesellschaftsentwurfs, über die wir vorhin gesprochen haben. Da bleiben wir in Deutschland weit hinter
unseren Möglichkeiten zurück. Das ist aber die Bedingung
für jeden Aufstieg, wenn wir ihn als Synonym für Berufschancen und Einkommen nehmen. Also: Chancen vor der
Schule, in der Schule und danach, darum geht's.

Darüber hinaus bleibt Aufstieg ein differenziertes Ziel,
zu dem wir anspornen, bei dem wir Illusion aber vermeiden sollten. Gerechte Chancen für jeden und gesicherten
Wohlstand für alle – das scheint mir das belastbare Ziel.

Es werden zum Beispiel nicht alle qualifizierten Arbeitsplätze hier und in anderen Wohlstandsländern sein und
die einfache Arbeit anderswo auf der Welt. Längst haben
Inder oder Chinesen Qualifikationen wie wir und bei uns
selbst wird es auch einfache Arbeit geben müssen. Und es
wird jemanden geben müssen, der sie tut. Die Differenzierung in der Arbeitswelt wird also zunehmen.

Die einfache Arbeit wird in Deutschland seit Jahrzehnten
den anderen überlassen, Zuwanderern, Schwarzarbeitern,
Illegalen.

Die Arbeitslosigkeit werden wir nur überwinden, wenn wir
lernen, auch mit der einfachen Arbeit wieder vernünftig
umzugehen. Als Sozialdemokrat weiß ich: Jede Arbeit ist

ehrenwert, und nicht alle Menschen können Chef werden. Oder Spielführer. Das werden, wenn wir ehrlich sind, sogar relativ wenige. Aufstieg ist die Chance, sich durch Bildung, Ausbildung, Qualifizierung – und das sind alles auch eigene Leistungen, keine Geschenke – die Möglichkeiten zu erarbeiten, die eigenen Messlatten für den beruflichen und persönlichen Erfolg zu erreichen.

Nur wenn Aufstieg gedacht wird frei von allem Elitären und frei von allem Egalitären, individuell, dann macht er Sinn. Auch hier gilt: Darüber reden. Klarheit schaffen. Ansporn setzen. Denn trotz alledem: Chancen zum Aufstieg gibt es.

Der gute Sozialdemokrat denkt doch noch: Der Spargelstecher kommt aus Polen. Dabei fahren die jungen Polen längst an uns vorbei nach England oder Irland.

Die guten Sozialdemokraten denken sehr viel differenzierter. Aber ich schildere zur Demonstration ein Beispiel aus meinem alten Ministerium, um die merkwürdigen Folgen des falschen Umgangs mit der einfachen Arbeit zu illustrieren. Wir mussten sparen, wie alle öffentlichen Einrichtungen, Personal sparen. Im Ministerium fahren morgens relativ gering bezahlte Angestellte mit Wagen durch Gänge und Etagen, auf denen die Post des Tages für das ganze Haus liegt und verteilen diese in die richtigen Büros.

Die Idee war nun: Der Wagen steht an einer bestimmten Stelle, die Besserqualifizierten kommen aus ihren Büros und holen sich ihre Briefe selbst dort ab. Der billige Verteiler kann eingespart werden. Ein ziemlicher Quatsch. Denn dann hätten die besser bezahlten Beschäftigten die einfachere Arbeit machen müssen.

Das ist doch inzwischen überall der Fall.

Trotzdem bleibt es Blödsinn.

Bei einer Diskussion mit Betriebsräten über den Ingenieurmangel habe ich einmal Folgendes von einem Teilnehmer gehört: Wir leisten die Arbeit von 30 Ingenieuren. Und wenn wir nicht alle die Fotokopien selbst machen und Telefonate und Termine selbst organisieren müssten, könnten wir die Arbeit von 32 machen, denn wir sind 32 Ingenieure in unserem Betrieb.

Die einfache Arbeit wurde wegrationalisiert oder eingespart. Sie wird von Maschinen gemacht oder von den gut Bezahlten, was die Einsparung fraglich macht. Darin steckt auch die falsche Botschaft: Diese Arbeit ist nicht so wichtig, nicht so anerkannt. Die wird ja nicht gebraucht. Aber sie wird oft ja nur scheinbar nicht gebraucht.

Und niemand will sie mehr machen.

Das glaube ich nicht. Bewerbungen gibt es.

Es gibt sogar wichtige Bereiche, wo wir dringend darauf angewiesen sind, dass Menschen zu sogenannter einfacher Arbeit bereit sind. Wobei „einfach" eine fragwürdige Qualifizierung ist. Es geht um andere Qualität, nicht um mindere Qualität. Spargelstechen zum Beispiel muss man können und können wollen. In Wahrheit haben wir es in dieser Branche mit einer Melange aus Lohndrückerei und Missachtung einer ehrbaren, aber körperlich anstrengenden Arbeit zu tun. Wir sind da wieder beim Thema Zumutbarkeit von Arbeit. Wenn die Botschaft heißt: Wir suchen Arbeit, aber nehmen nur solche an, die wir auch gerne tun, dann bleibt das mit der Vollbeschäftigung ein Traum. Arbeiten im Schweiße des Angesichts ist eigentlich normal.

Der Dienst Mensch am Mensch, zum Beispiel für alte und pflegebedürftige Menschen, verlangt Einsatz mit hoher Verantwortung. Solche Frauen und Männer werden wir nur ausreichend einsatzbereit finden, wenn wir ihre Arbeit achten und angemessen bezahlen. Wir haben derzeit etwa 100 000 Polinnen im Lande. Manche sagen sogar 200 000, die niedrigschwellige Betreuungsarbeit in privaten Haushalten leisten, Schwarzarbeit. Wer soll diese Arbeit machen, wenn wir sie missachten? Wie gesagt, das Prinzip muss sein: Die Arbeit, die es im Lande gibt, muss von den Menschen gemacht werden, die legal in diesem Lande leben. Sonst wird es teuer für die Gesellschaft.

Den Mindestlohn brauchen wir übrigens nicht nur, weil eine Vollzeitarbeitsstelle zum Unterhalt reichen muss. Menschen im Callcenter, beim Sicherheitsdienst, im Pflegeheim oder in der Poststelle dürfen nicht so unendlich viel schlechter bezahlt werden als die in den anderen Jobs. Wir brauchen sie. Der Postverteiler ist von seinem Minister abhängig, der die Post erhalten muss. Aber der Minister in der Kette eben auch vom Postverteiler, der sie ihm bringen muss. Das haben wir vergessen. Wer glaubt, dass wir bald das Land von lauter Spezialisten und Oberspezialisten sind, und der Rest der Welt putzt uns die Schuhe, der täuscht sich.

Wer allerdings daraus den Schluss zieht, dann sei erstklassige Bildung für alle nicht so wichtig, der irrt sich noch mehr. Denn Bildung ist zuerst ein Menschenrecht und erst dann eine volkswirtschaftliche Größe.

Wir haben jetzt über die rot-grüne Zeit gesprochen. Und der Koalitionsvertrag der großen Koalition hat viele Ziele der SPD aufgenommen, aber auch neue Aspekte gesetzt. Im Sommer 2007 hat die Regierung in Meseberg sich bemüht, den damals noch zwei Jahren der Legislaturperiode Richtung zu geben. Was ist daraus geworden?

In Meseberg hat das Kabinett unter anderem 25 Punkte fest in den Fokus genommen und vereinbart, sie zu Lösungen zu führen. Solche aus dem Koalitionsvertrag und darüber hinaus. Einiges ist seitdem gelungen, einiges auf dem Wege, anderes versandet.

Der Bereich Umwelt war damals am konkretesten vorbereitet und zügig in der Umsetzung. Er hat viel Sperrfeuer bekommen aus dem Bereich der Wirtschaftspolitik, aber viel konnte umgesetzt werden.

Haushalte sollen in ihrer Rolle als Auftraggeber gestärkt und gestützt werden. Das Konzept „Dienst Mensch am Menschen" soll konkretisiert werden. Zwei große Aufgaben, siehe oben.

Beim Mindestlohn Post hat die Union dann versucht, das Weite zu suchen und bei der Novellierung der einschlägigen Gesetze zur Einführung von Branchen-Mindestlöhnen gab es hinhaltenden trickreichen Widerstand. Schon im Juni 2007 gab es aber klare Vereinbarungen dazu.

Das Thema Zuwanderung haben wir als Herausforderung bereits angesprochen. Unter Federführung des Innenministeriums und Mitarbeit von Arbeits- und Bildungsministerium wurde ein Vorschlag angestrebt für ein systematisches Zuwanderungs-Monitoring zur Ermittlung des Bedarfs und die Entwicklung eines Konzepts für eine arbeitsmarktbezogene Steuerung von Zuwanderung.

Ein anderer Punkt in Meseberg hieß Förderung von verantwortungsvoller Unternehmensführung und Umsetzung der ILO-Konventionen (Arbeitnehmer-Rechte). Einige deutsche Unternehmen haben in dem Jahr seitdem leider auf fatale Art und Weise deutlich gemacht, wie dringlich dieses Thema ist.

Die Weiterentwicklung des Nationalen Integrationsplanes war auf der Tagesordnung. Bemühungen gibt es. Die große Koalition muss sich da nicht verstecken. Aber das Thema bleibt heiß.

Es ging um Programme gegen Rechts. Die Ministerien Jugend und Soziales sind da aktiv. Die Frage des möglichen Verbotsantrages gegen die NPD bleibt virulent. Man muss dem Rechtsradikalismus seine Organisationskraft nehmen. Das Verbot muss angestrebt werden, sobald es Aussicht hat auf Erfolg. Ich erinnere an einen Aphorismus von Stanislaw Jerzy Lec:

„Eine große Summe von Nullen ist eine gefährliche Zahl". Nämlich, wenn sich eine Eins findet, die sich davorstellt.

Man sieht: Allein im Meseberg-Paket steckt noch eine Menge Arbeit für die Koalition im kommenden Jahr.

6. Grundwerte und Fortschritt

Im Hamburger Grundsatzprogramm hat die SPD ihre alten Grundwerte bestätigt: Freiheit, Gerechtigkeit, Solidarität. Die Grundsatzprogramme der Unionsparteien stehen auch zu diesen Grundwerten. Sie sind unbestrittenes Allgemeingut. Sind sie denn wirklich noch lebendig, diese Grundwerte, wenn sie uns so selbstverständlich geworden sind?

Als unsere Altvorderen diese Grundwerte Freiheit, Gerechtigkeit und Solidarität als die ihren formuliert haben, war das noch revolutionär. Sie wurden dafür beschimpft und verfolgt. Es stimmt, dass Freiheit, Gerechtigkeit und Solidarität heute als Grundwerte Allgemeingut sind. Das ist gut so. Das ist die eigentliche Sozialdemokratisierung Deutschlands und Europas.

Nun kommt es darauf an, dass wir verständlich machen, was diese Grundwerte in dieser Zeit bedeuten. Denn nur in Sonntagsreden hören sie sich so glatt und selbstverständlich an. Im Alltag sind sie sperrig und anstrengend. Man muss sie konkret machen.

Was bedeutet uns heute Freiheit? Willy Brandt hat in seiner Abschiedsrede als Parteivorsitzender gesagt: „Wenn ich sagen soll, was mir neben dem Frieden wichtiger sei als alles andere, dann lautet meine Antwort ohne Wenn und Aber: Freiheit. Die Freiheit des Gewissens und der Meinung. Auch Freiheit von Not und Furcht". Die Idee bleibt richtig und lebt und ist unentbehrlich: Freiheit des Einzelnen, die Gerechtigkeit für alle ermöglicht und in Solidarität für den mündet, der sie braucht.

Und dabei ist es kein Zufall, dass die Freiheit zuerst genannt wird.

Im Jahr 2008 ist offenbar die Gerechtigkeit zum wichtigsten Begriff geworden. Die Deutschen haben das Gefühl, es mangelt an Gerechtigkeit.

Das ist ja auch objektiv so. Bei der Teilhabe (Einkommen), bei der Teilnahme (Arbeit), bei den Chancen (Bildung) und bei der Nachhaltigkeit (Generationen). Und dass wir in Deutschland auf gutem Wege wären zu mehr Gerechtigkeit, das erfährt nicht jeder so. Ja, Gerechtigkeit für alle muss möglich sein.

Dass die Spanne riesig geworden ist zwischen den Niedriglöhnen, die gezahlt werden, und den Exklusivgehältern, die einige wenige bekommen – manchmal dafür, dass sie tausende Menschen entlassen – ist doch eine Provokation für alle, die Gerechtigkeit wollen. In Sachen Arbeit und Generationengerechtigkeit gibt es Besserung. Aber bei den Bildungschancen ist es ähnlich wie bei den Löhnen, – von exklusiv bis minimal.

Das Gefühl von Ungerechtigkeit entsteht immer dann, wenn soziale Leistungen zurückgeschraubt oder auch, wenn die bisher gewohnten Zuwächse ausbleiben.

Ja, Und das zeigt etwas, was oft verschwiegen wird: Alle wollen Gerechtigkeit auf hohem materiellem Niveau. Gerechtigkeit kann es ja auch geben, wenn alle wenig haben. Aber das ist nicht gemeint. Natürlich nicht.

Mit dem Verschwinden des Massenelends sind über einen langen Zeitraum Wohlstand und Sozialleistungen gewachsen. Daran sind wir gewöhnt. Und alle hoffen, dass es noch besser wird und nicht weniger. Wer das will, muss aber auch die Bedingungen für allgemeinen Wohlstand sichern. Ich bin beim alten Thema vom Sozialen, das ohne ökonomische Erfolge, ohne Prosperität, bescheiden bleibt. Wie gesagt: „Das soziale Deutschland", das reicht nicht.

Es bleibt natürlich immer links, den Schwächsten, Gefallenen, Isolierten, Gescheiterten zu helfen, mit ihnen solidarisch zu sein. Und es bleibt dabei: gerechte Verteilung ist eine Gestaltungsaufgabe der Politik. Die demokratische Linke, die SPD, muss als ihre Position aber auch klar machen: Gerechtigkeit ist zuerst Chancengerechtigkeit, der Zugang aller zu Bildung, Erziehung und Ausbildung.

Da verbindet sich die Freiheit des Einzelnen mit der Gerechtigkeit.

Die Bundeskanzlerin hat in ihrer Antrittsrede das Motto von Willy Brandt variiert: Mehr Demokratie wagen. Sie hat formuliert: Mehr Freiheit wagen. Brandts Motto hat gezündet in der Gesellschaft, das von Merkel nicht. Hat das Wort Freiheit heute auch etwas Bedrohliches, weil es als die Freiheit des entgrenzten Kapitalismus verstanden wird, der Sicherheiten bedroht?

Merkels Wort konnte nicht wirken, weil der Begriff der Freiheit von ihr und der Union im Wahlkampf wirtschaftspolitisch aufgeladen worden ist. Freiheit als ökonomische Egozentrik. Jeder sorgt für sich selbst. Freiheit, die sich nicht vor dem Hintergrund von Gerechtigkeit und Solidarität versteht, bleibt schal. Bei Brandt war das anders. Die Zeit war reif für sein großes Wort. Da war der alte Mief in Deutschland noch da, die Geschichtsverdrängung, die aufgearbeitet werden musste. Es war der richtige Moment für mehr Demokratie. Die Bundeskanzlerin hat eine Überzeugung von Freiheit, die sie ganz besonders erfahren hat durch den Fall der Mauer. Die ist respektabel und sympathisch und zweifelsfrei. Vielleicht hat sie die gemeint. Aber das war es nicht, was die Menschen gehört haben, als sie gesagt hat: Mehr Freiheit wagen. Die verstanden: Weniger Sicherheit.

Freiheit ist ein sozialdemokratischer Urbegriff, die SPD wollte Emanzipation. Die Sozialversicherung hat Bismarck geschaffen, um der SPD das Wasser abzugraben. Aber heute denkt man bei SPD eher an Krankenkasse als an Freiheit.

Weiß ich nicht. In der SPD jedenfalls nicht. Ich kenne nicht wenige in der SPD, bei denen das Feuer der Grundwerte glüht. Auch wenn sie nicht jeden Tag darüber reden.

Es ist kein Zufall, dass Willy Brandt und andere große Liberale unserer Partei, Carlo Schmid, Fritz Erler, Johannes Rau die Freiheit, jede Freiheit ganz vorne angeordnet haben. In ihren Gedanken und im Handeln. Und dass sie bis heute noch geachtet sind in der Sozialdemokratie und darüber hinaus.

Denn dass die Gedanken frei sind, weil niemand sie erraten kann, das ist das eine. Unsere Liberalität meint aber auch die Freiheit im Handeln und bei den Lebenschancen. Das ist mehr als individuelle Aufklärung, das ist soziale Demokratie.

Freiheit heißt, dass ich als Individuum alles das realisieren darf, was ich für mich selbst will, soweit es nicht die Freiheit der anderen einschränkt und begrenzt. Leicht ist diese Grenze nicht zu markieren. Sie ist das schwierige und alltägliche Geschäft der Politik. Sozialdemokraten wollen, dass der einzelne Mensch die Chance hat, er selbst zu sein, über das eigene Leben zu bestimmen. Und dass er verantwortlich damit umgeht.

Freiheit leben ist nicht Willkür und Egoismus. Freiheit

leben ist nicht leicht. Es ist die höchste Form menschlichen Zusammenlebens.

Freiheit bedeutet, sich seiner selbst sicher sein und in gleicher Weise die Freiheit jedes Anderen zu bedenken und anzuerkennen. Konkret.

Die SPD der 1980er und 90er Jahre hat mir oft das Gefühl gegeben, dass sie Solidarität gleichsetzt mit staatlicher Leistung oder Besitzständen, die nicht angetastet werden dürfen.

Meine Erfahrung ist, dass es ganz viele Sozialdemokratinnen und Sozialdemokraten gibt, die zum Beispiel solidarisch in der Arbeiterwohlfahrt und anderen Verbänden mitarbeiten und helfen. Für die ist Solidarität praktischer Alltag.

Die große Solidarität, die in der Geschichte von der SPD erkämpft worden ist, das ist die organisierte Solidarität. Das ist die Solidarität des Sozialstaates, die jedem Einzelnen den Anspruch auf Hilfe garantiert. Wer Hilfe braucht, muss sich nicht mehr bücken, um das Geld aufzunehmen, das ein reicher Fürst ihm vor die Füße wirft oder auch nicht. Jeder hat Anspruch auf Solidarität, weil er sie selbst auch gibt. Geben und Nehmen, Rechte und Pflichten. Ich zahle in eine Kasse für andere und ich bekomme aus der Kasse dann etwas, wenn ich wirklich etwas brauche. So funktioniert das. Das ist eine organisierte Solidarität, die die Würde des Menschen auch ernst nimmt.

Was Sie ansprechen und was vielleicht das Problem ist: Wir sind mit zu viel Selbstverständlichkeit davon ausgegangen, das materielle Niveau für immer und ewig sicher zu haben. Aber das ist schon gesagt: Darum muss man kämpfen, nichts ist selbstverständlich. Der Wohlstand schon gar nicht. Er ist möglich, aber nicht sicher.

Die SPD hat sich im Hamburger Grundsatzprogramm um einen neuen Begriff von Sozialstaat bemüht, den vorsorgenden Sozialstaat. Also ist da doch etwas mit dem Sozialstaat so gelaufen, dass neu nachgedacht werden muss.

Es geht darum, dass wir früh im Leben des Menschen anfangen. Eine gute Erziehung, gute Bildung soll die Chancen geben in dieser Gesellschaft, im Leben und im Beruf erfolgreich zu sein. Man muss es immer wieder sagen. Sozialstaat will Selbstverantwortung, Freiheit. Das ist das Erste, was der vorsorgende Sozialstaat sagen muss und wozu er beitragen muss.

Er muss die Möglichkeit eröffnen, dass jemand sich seinen eigenen Lebensentwurf überhaupt machen kann.

Ja. Und zwar einen menschenwürdigen, anspruchsvollen. Einen, der auch menschliches Glück zum Ziel hat. Und deshalb müssen wir uns grundsätzlich verständigen und praktisch dafür sorgen, dass jeder diese Chance bekommt, dass er sie auch fair bekommt und dass er sie möglichst auch wahrnimmt. Die Menschen sind unterschiedlich stark, aber jeder kann was beitragen zum Gelingen der Gesellschaft, und jeder muss auch den Teil, den er leisten kann, beitragen für sich und zum Ganzen.

Die alte Arbeitersolidarität baute darauf, dass arbeitet, wer arbeiten kann. Heute wird Solidarität manchmal mit Hängematte assoziiert.

Ich erlebe das nur selten. Die allermeisten wollen arbeiten. Da gibt es viele Vorurteile. Einige Faulenzer verderben das Bild. Und einige Zyniker missbrauchen das.
Das Recht auf Solidarität ist eine ganz große historische

Leistung, und ist gar nicht vorstellbar ohne die Pflicht, die der Einzelne hat, sich einzubringen. Vorsorgender Sozialstaat, das ist auch die Aussage: Zunächst einmal musst du für dich selbst sorgen. Wenn du durch Schicksal, Krankheit oder was auch immer dazu nicht in der Lage bist, dann stehen wir für dich ein. Das ist die Idee. Jeder soll das Netz haben, um die Fische zu fangen, damit er zu essen hat.

Ein Beispiel: Als Arbeitsminister habe ich Programme gemacht für 16- oder 17-Jährige, die ohne Abschluss aus der Hauptschule kamen. Die waren auch nötig, die Programme. Aber ich habe immer empfunden: Sie waren trotzdem ein bisschen absurd, man kann auch sagen, zynisch. Denn eigentlich hätten wir diese Jugendlichen mehr unterstützen müssen, als sie drei oder vier Jahre alt waren, damit sie die deutsche Sprache lernen und die Schule hätten bestehen können. Das wäre ein wirklich vorsorgender und aktivierender Sozialstaat.

Wenn man 15-, 16-Jährige fragt, was willst du werden, dann antworten manche: Ich werde Hartz IV. Das ist eine Aussage von solcher Mutlosigkeit, von solcher Perspektivlosigkeit, von gescheitertem Leben, einfach niederschmetternd. Das muss Sozialdemokraten aufregen. Und sie anspornen, vorne anzufangen. Bei den Kleinen, noch vor der Schule. Wenn überhaupt irgendwo, dann ist dort der Hebel für die richtige Weichenstellung.

Auch der für die Lust auf Arbeit. Denn die ist normal.

Ist die SPD noch darauf eingestellt, sich für Heranwachsende mit solchen Problemen einzusetzen. Bei den Jusos trifft man selten einen Hauptschüler oder Lehrling. Ein akademisch gebildeter Mittelschichtsverein, der wenig Ahnung davon hat, wie es in Dormagen oder Neukölln aussieht.

Die SPD ist nicht die einzige Organisation, die bestimmte Gruppen nicht mehr ohne weiteres erreicht. Und wenn sich die Gebildeten da treffen, ist das ja auch was wert. Die Jusos engagieren sich im Übrigen für das Recht auf Ausbildung wie kaum wer sonst. Sozial blinde Egoisten sind die ganz sicher nicht.

Was stimmt und für mich alarmierend ist: In den Städten gibt es Entwicklungen, die uns besorgt machen müssen. Da passiert zu wenig, weil da große Minderheiten leben, die keine hinreichende politische Repräsentanz haben. Die ihr Nichtdeutsch-Sein-Gefühl, ihr Anderssein-Gefühl, ihr Ausgeschlossenen-Gefühl tief verinnerlicht haben, teils kultivieren und auch schon weitergeben an die nächste Generation.

Querschnittszahlen zum Niveau des Landes dürfen uns da nicht beruhigen. Das Scheitern und Ausgeschlossensein wird sich ausbreiten an bestimmten Orten, in Stadtteilen. Ein Hauptschulexperte mit viel Erfahrung hat mir gesagt: Die Hälfte kannst du – bei großer Anstrengung – nachträglich retten, die andern werden den Abschluss nicht schaffen, es werden von vornherein gescheiterte Berufsexistenzen sein. Das ist für jeden Betroffenen eine Katastrophe, für die Gesellschaft auch. Auch weil es sich leicht vererbt.

Wie brisant sind diese Probleme?

Verloren ist nichts, hoffe ich. Aber wenn wir nichts tun, dann werden wir in zehn oder fünfzehn Jahren in einigen Städten eine schwierige Situation haben. Wir müssen es ernst meinen mit Integration, mit den Grundwerten für die kleinen und jungen Menschen, die von da kommen. Wir haben als Bundesregierung einiges in Bewegung gesetzt. Aber es ist noch kein Thema, das die Gesellschaft wirklich durchdringt. Dazu müssen wir es machen und die Debatte – gerade über diesen Teil des Gesellschaftsentwurfs – intensiv führen. Diese Fragen sind heute schon für viele Menschen existenziell. Sie können auch für die Demokratie und für das ganze Gemeinwesen von allergrößter Brisanz werden, um nicht zu sagen existenziell.

Wir müssen die individuelle Leistungsfähigkeit und -willigkeit im Lande mobilisieren und dürfen uns nicht rausreden mit: Was wir an Qualität brauchen, das holen wir uns irgendwo anders. Wenn wir Schulabbrecher ins Arbeitslosengeld II laufen lassen, dann ist das ein Scheitern der Gesellschaft. Jedenfalls nach meiner Vorstellung. Deshalb kann man sagen, muss man sagen: Dieses Ausgeschlossen-Sein, das ist eine neue sozialen Frage in Deutschland. Vielleicht sogar: Die!

Wie kann man es als Politiker schaffen, im politischen Alltag eine innere Beziehung zu den Grundwerten zu behaupten und praktisch zu transformieren?

Wenn man in Versammlungen über die Kilometerpauschale spricht oder über Kinderzuschlag oder über Elterngeld, geht es um interessante Details. Aber richtig aufmerksam werden die Menschen, wenn sie merken, dass man da auch in Zusammenhängen denkt und dass man vor lauter Bäumen den Wald noch sieht. Man kann nicht immer nur über die großen Fragen sprechen, aber sie müssen mitschwingen und erkennbar sein, sonst verliert man sich in Details und die Menschen verlieren Ihre Neugier auf Politik. Sie wollen nicht nur, dass ihr Sitzplatz weich ist, sie wollen auch wissen, dass der Zug sicher fährt und wohin er fährt. Man darf das nicht unterschätzen.

Umgekehrt gefragt: Kann man den politischen Alltag denn überhaupt durchhalten ohne feste Überzeugungen?

Ohne Überzeugungen liefert man sich der Beliebigkeit und Partikularinteressen aus. Dann erfüllt man vielleicht das Tagespensum – aber Orientierung, Richtung, Führung kann man nur geben, wenn man ein Bild hat davon, wie das Land sein soll, werden soll.

Und führen muss die Politik. Sie muss sammeln und führen.

Wer nur sammelt, dreht sich mit den Versammelten richtungslos im Kreis. Politik muss auch zeigen, wohin der Weg gehen soll und deshalb muss sie die Fahne voraus tragen.

Sie muss dabei aufpassen, dass die Versammelten die Fahne noch sehen und folgen können. Klar. Ohne grundsätzliche Orientierung aber wären Fahnenträger nutzlos.

Also bleibt es bei Freiheit, Gerechtigkeit und Solidarität?

Ja. Denn mit ihnen beweist der Mensch seine Fortschrittsfähigkeit. Er bricht das Naturgesetz der Macht des Stärkeren. Diese Grundwerte sind menschliche Werte, die Fortschritt erst möglich machen.

Der Mensch ist bestimmt von der Hoffnung, dem Mut, der Hybris, die Dinge nach seinen Ideen und seinem Willen gestalten zu können. Und manches ist ihm auf der Strecke seiner Geschichte auch gelungen. Das meiste und wirkungsvollste davon im menschlichen Miteinander, ohne die großen technischen Leistungen gering schätzen zu wollen. Die Demokratie als Lebens- und Staatsform gehört zu den großen Errungenschaften dazu. Auf der Grundlage dieser Grundwerte bleibt menschlicher Fortschritt möglich.

7. Parteien wirken mit

*Deutschland gilt als Parteiendemokratie, und die ist gründ-
lich in Verruf geraten. Viele Menschen haben den Eindruck,
dass die Staatsgewalt nicht vom Volk ausgeht, sondern von
den Parteien, die sie unter sich aufgeteilt haben.*

Die Parteien haben in der Tat großen Einfluss. Sie stehen
bei Wahlen zur Abstimmung. Politiker in Regierungen
und Parlamenten sind zum größten Teil Parteileute und
als solche auch zu erkennen. Bundesregierung und Bundestag, also Exekutive und Gesetzgeber, begeben sich häufig in eine scheinbare Abhängigkeit von Parteivorständen.
Ganz oft entsteht der Eindruck, dass Parteigremien darüber entscheiden, was die Bundesregierung macht.

In Maßen ist das so auch verständlich. Bei den Wahlen
müssen die Parteien wieder antreten. Sie müssen sich
rechtfertigen, wenn sie etwas ankündigen und in ihrer Verantwortung etwas anderes gemacht wird. Das ist ein gewis-
ses Dilemma. Trotzdem widerspreche ich: Eine Parteiendemokratie, in dem Sinn, dass Parteien sie dominieren,
dürfen wir nicht sein und sind wir nicht. Aber es muss
mehr Mut da sein für das Motto: „Erst das Land, dann die
Partei." Und natürlich sagen wir Sozialdemokratinnen und
Sozialdemokraten auch: Wir wollen regieren. Denn unsere
Politik ist besser für das Land als die der anderen.

Ich finde Parteien gut. Sie haben viel geleistet, besonders nach dem Zweiten Weltkrieg, um aus Deutschland
eine Demokratie zu machen. Ich bin gerne bei meiner Partei, der SPD, dabei.

Was ist der Nutzen von Parteien – oder könnte ihr Nutzen sein?

Ferdinand Lassalle hat das einfach gesagt, als es 1863 mit dem Allgemeinen Deutschen Arbeiterverein losging: Wenn du was verändern willst, dann musst du wissen, allein schaffst du es nicht. Komm in den Verein. Verein, so hieß das damals.

Heute sagen wir: Komm in die Partei. Allein ist man schwach, wenn man Dinge in der Gesellschaft beeinflussen will. Wenn man sich mit anderen zusammenschließt in einer Partei, kann man Einfluss nehmen und versuchen, seine Meinung durchzusetzen und zur Mehrheitsmeinung zu machen. Parteien sind nützlich für die Demokratie, weil hier unterschiedliche Meinungen aufeinander stoßen und ausgetragen werden müssen. Nicht alle gehen gern in Parteien und ich will sie sicher nicht zur Pflicht ausrufen ...

Aber sie sind eine Art Schule der Demokratie?

Wer in eine Partei geht, der muss selbstsicher genug sein oder werden, seine eigene Meinung zu haben und zu behalten. Und er muss selbstbewusst genug sein, Kompromisse mit anderen einzugehen. So entstehen demokratische Entscheidungen. Ja, Parteien können so etwas sein wie die erste Station praktischer Politik in der Demokratie. Sie sind die duale Ausbildung für Politikerinnen und Politiker.

SPD und CDU verlieren Mitglieder. Parteien gelten in der Selbstverwirklichungsgesellschaft als Hort der Langeweile, endlose Sitzungen, langweilige Gremien. Was haben Parteien zu bieten?

Das ist die Frage, die ich am wenigsten mag. Demokratie ist kein Konsumartikel und Parteien sind nicht dazu da, jemandem etwas zu bieten. Wer nichts will, wer sich bedienen lassen will, wer nichts verändern will, wer nicht mitmischen und mitreden will, der sollte draußen bleiben. Parteien brauchen die Leute, die den Stier bei den Hörnern packen und etwas verändern wollen. Die sich empören, die Ideen haben, die in die Hände spucken. Das ist Partei, und die braucht die Engagierten. Die, die Partei ergreifen.

Politik ist Organisation und Organisation ist Politik – das ist aber auch von Ihnen.

Das stimmt. Natürlich muss Partei ihre Mitglieder fordern und fördern. Die Partei muss einladen zum Mitreden, Mitentscheiden, Mitmachen. Die Türen und Fenster müssen offen sein und der rote Teppich ausgerollt für die, die rein wollen.

Werkstatt der Geschichte. Werkstatt der Zukunft. Konkretes Handeln heute. Das ist die Palette der Aktivitäten.

Da gibt es doch viel zu denken, zu reden und zu tun.

Vor allem auch Kontakt zu halten zu den gesellschaftlichen Gruppen. Offen sein, auch wenn es um Mandate und Funktionen geht. Keine Selbstfindungsgruppe sein, die sich richtig wohl fühlt, nur wenn sie unter sich ist. Weniger Überlegungen, wer 2. Vorsitzender wird, mehr Überlegungen, wer im Gesangverein, im Sportverein, in der Stadtteilinitiative mitmacht und Verantwortung übernimmt für die Gesellschaft konkret. Ohne dort jeden Tag die rote Fahne zu schwenken, aber so, dass dort alle wissen, seine oder ihre Lieblingsfarbe ist Rot.

Die Zahl der neuen Mitglieder hält sich aber trotzdem sehr in Grenzen.

Es gab immer ein Auf und Ab in der Geschichte der Partei-
en. Ich glaube, dass in unserer Informations- und Kom-
munikationsgesellschaft die großen Organisationen überhaupt weniger Zulauf finden. Das geht den Kirchen so,
den Gewerkschaften und den Volksparteien. Für die SPD
ändert sich das erst, wenn wir ein Stück Bewegung sind,
nicht nur Partei: Eine Frage der Zeit. Meine Generation in
der SPD ist Ende der 60er, Anfang der 70er Jahre in die
Partei geströmt. Wir wollten mehr Demokratie wagen –
Willy Brandt hatte mit diesem Wort den Zeitgeist getroffen.
Die SPD war auf der Höhe der Zeit. Die Abiturientenklas-
sen kamen geschlossen in die SPD. Danach gab es natürlich auch Ernüchterungen und Enttäuschungen. Es musste
regiert werden. Und das ist immer anspruchsvoller als Par-
teiprogramme machen.

Seit 1930 hatte die SPD nicht mehr regiert. Es war eine
gewaltige Hoffnung: Das wird jetzt was! Als Willy Brandt
Kanzler wurde – das war eine Ausnahmesituation, die
nicht einfach wiederholt werden kann. Die SPD muss heute anders um neue Mitglieder werben. Aber den Schaukelstuhl, in den man sich zurücklehnen darf, wird die SPD
nie bieten. Wir müssen zeigen, dass wir eine Partei sind,
in der es rund geht, in der diskutiert wird, in der Leute
den Mund aufmachen und sich einmischen können und
sollen. Die SPD muss eine strittige Veranstaltung bleiben.
Und die anderen Parteien auch.

Dass der Krieg der Vater aller Dinge sei, ist zynisches
Gerede. Aber der Streit um den richtigen Weg, der ist dies
schon. Meine ich.

*Schreckt das die Menschen nicht ab: Eine Partei, die strei-
tet?*

Oft, ja, aber die deutsche Harmoniesucht ist kein Ausweis für Demokratie. Streit in der Sache und für die Sache ist in der Regel nützlich, wenn er fair geführt wird. Dabei hat nicht zwingend recht, wer am lautesten schreit. Und nur in der Regel die Mehrheit. Auch Mehrheit kann sich irren. Hochmut ist immer falsch am Platz, mit oder ohne Streit.

In den 1970er Jahren hat auch die CDU viele junge Mitglieder gewonnen und ist richtig zur Volkspartei geworden. Die Polarisierung hat auf beiden Seite politisiert. Kann man aus dieser Ausnahmezeit doch etwas lernen? Zum Beispiel: Was fehlt Politik und Parteien heute?

Ende der 60er Jahre war das eine große Bewegung, der Aufbruch in eine Zukunft, die was Neues versprach. Es gab, nach dem Weltkrieg und im Kalten Krieg, eine neue Vorstellung von Frieden, vom Abbau der Spannungen nach Osten, von Liberalität im eigenen Land, von Gerechtigkeit. Es war, im besten Sinne, der Weg in eine neue Zeit.

Heute leben wir wieder in einer Zeit, in der etwas Vergleichbares entstehen und lebendig werden könnte. Wenn ich an Europa denke und die Aufgaben, die uns die globalisierte Welt, die demografische Entwicklung, die neuen Kommunikations- und Informationsmöglichkeiten stellen, – das müsste alles doch auch Lust aufs Mitmachen wecken.

Und warum findet das nicht statt?

Es fehlt vielleicht der harte Widerpart. Mindestens ist er nicht so greifbar, personalisierbar wie damals. Diese konservativ-reaktionäre Haltung aus der Adenauerzeit, die Weigerung, die eigene Schande der Vergangenheit aufzuarbeiten, das hat in den 60er Jahren sehr viele junge Leute mobilisiert. Heute leben wir in einer demokratischen Routine. Parteien, auch die SPD, erschöpfen sich zu sehr in den Details des Alltags. Um auf die Höhe der Zeit zu kommen, müssten sie ihre eigene Geschichte und ihre Zukunft zum Gegenstand ihrer Arbeit machen, Geschichts- und Zukunftswerkstätten sein.

Das Wort Parteipolitik hat einen negativen Klang. Nicht zu Unrecht, weil man dahinter den Vorrang von Partialinteressen vor dem Gemeinwohl vermuten muss.

Obwohl die deutschen Parteien vergleichsweise groß sind, muss man ja immer wissen: In den Parteien sind relativ wenige Menschen. Und längst nicht alle Mitglieder sind aktiv. Es gibt viele stille Teilhaber, das ist auch in Ordnung. Es lassen sich sogar in Wahlkampfzeiten längst nicht alle Mitglieder von Parteien mobilisieren. Das heißt: Es sind wenige Menschen, die das Ganze tragen. Vom Ortsverein im Stadtteil bis hin zur Bundesebene.

Ich sage ganz deutlich: Die Menschen, sie sich in der Politik engagieren, haben unseren Dank und unseren Respekt verdient. Und ganz besonders, wenn sie in der Kommunalpolitik Zeit und Energie opfern, um sich für das Gemeinwohl einzusetzen. Es darf nicht diskriminiert werden, wenn sie dabei um ihre Meinung und ihre Vorschläge kämpfen. Streit gehört dazu. Und demokratische Streitkultur natürlich. Friedrich Ebert hat richtig gesagt, dass man gegenüber dem anderen in der Politik Recht behalten, ihn aber nicht demütigen und herabsetzen darf.

Ein Teil der Kritik an den Parteien kommt auch von Leuten, die sich dafür zu fein sind und „sich die Hände nicht schmutzig machen" wollen. Die alles besser wissen, aber nicht mit ihrer Zeit und ihrem Engagement dafür einstehen wollen. Da sage ich: Wer sich einsetzt und dabei Fehler macht, ist tausendmal gerechtfertigter als die Zuschauer auf der Tribüne, die sich darüber das Maul zerreißen. Mein Lob auf die Politik und die Parteien ist da ungebremst, weil ich sicher bin, dass ohne diese politisch engagierten Menschen die Demokratie nicht lebensfähig wäre. Selbstkritik steht uns gut zu Gesicht, Selbstbewusstsein aber auch. Die Demokratie braucht Partei und Parteien. Und die müssen sich nicht entschuldigen, dass es sie gibt.

Es sind oft auch die kommunalpolitisch Engagierten, die sehr kritisch über „die da oben" sprechen. Die Kluft ist offenbar sehr groß.

Richtig. Und das wird durch unsere föderale Struktur noch verstärkt. Immer wieder landet Politik beim Zuständigkeitsdenken. Zuständig sind: Brüssel, der Bund, die Länder, die Kommunen. Jede Ebene erhebt Ansprüche auf Zuständigkeit. Und wenn es schwierig wird, dann wird die Verantwortung auch gern abgewälzt. Im Zuständigkeitsdenken geht unter, was politische Parteien zu den großen Fragen vorschlagen. Was ist eigentlich die Meinung der SPD oder der CDU zur Bildung? Wie sollen die Bürger das eigentlich erkennen, wenn CDU- oder SPD-Politiker um die Zuständigkeit zwischen Bund und Ländern streiten? Das kann Parteien doch interessanter machen: Politische Vorstellungen zu entwickeln, die von den Problemen der einzelnen Menschen ausgehen und Lösungen bieten. Stattdessen erleben Menschen teilweise eine Politik, die sie in die Schnittstellen von politischen Zuständigkeiten einsortiert.

Noch mal an dieser Stelle: Jeder Bürger darf beanspruchen, dass Arztpraxen, Kliniken und Ambulanzen zuallererst nach dem Gesichtspunkt organisiert werden, wie sie

Kranken am besten helfen. Für Kinderbetreuung, Schulen und Universitäten muss der Maßstab sein, wie wir die Kinder und Heranwachsenden am besten fördern, ausbilden und erziehen. Wenn wir das zum Gegenstand machen, dann können Parteien ein Bild davon zeigen, was sie wollen. Das gelingt uns zu wenig. Die SPD ist keine Holding, sondern die eine SPD. Wenn wir die Parteiarbeit horizontal und vertikal auseinanderfallen lassen in Flügel und in Kommunal-, Landes-, Bundes- und Europapolitik, dann entsteht diese Dissonanz in der Wahrnehmung von Politik.

Das öffentliche Bild von Politik entsteht durch die wenigen, die immer in den Medien sind – nicht die vielen, die sich in Städten und Gemeinden engagieren. Auch im Bundestag gibt es eine politische Klassengesellschaft. Viele Abgeordnete arbeiten viel, gut und unbemerkt, wenige Spitzenleute und die bei den Medien beliebten Abweichler stehen im Rampenlicht.

Ich habe zehn Jahre Kommunalpolitik gemacht. Da war ich dann in der lokalen Presse bekannt. Dann war ich 16 Jahre Bundestagsabgeordneter, irgendwann dann Sprecher für Raumordnung, Bauwesen und Städtebau. Trotzdem in der breiten Öffentlichkeit unbekannt. 1991 bin ich Parlamentarischer Geschäftsführer der Fraktion geworden bei Hans-Jochen Vogel und dann in schneller Abfolge Minister in Nordrhein-Westfalen, Bundesgeschäftsführer und so weiter. Ich war über 50, als die Journalisten mich überhaupt registriert haben. Ich will damit sagen: Nur sehr wenige sind über das Fernsehen, das dafür die entscheidende Rolle spielt, bekannt. Ich weiß, man muss schon sehr selbstbewusst sein, wenn man in der zweiten oder dritten Reihe steht und wissen, wie viel Einfluss man doch nehmen kann, ohne in den Medien so präsent zu sein, dass die Leute auf der Straße sagen: Den kenn ich doch. Ein Bundestagsabgeordneter muss in seinem Wahlkreis bekannt sein und wirkungsvoll in der parlamentarischen Alltagsarbeit. Das ist viel. Mit Klassengesellschaft hat das nichts zu tun.

Eines zeigt mein Weg übrigens auch:

In der Altersgruppe 50 plus kann es noch Potentiale geben, die lange Zeit unbekannt geblieben sind. Wenn sie die Chance bekommen, gewinnen sie eigenes Profil und bewegen was. Der Talentschuppen der Partei hört nicht bei unter 30 auf. Wir haben noch viele, die was können.

Können Parteien zu politischer Führung beitragen?

Überhaupt nur, wenn sie die Sache in den Mittelpunkt stellen und an der sachgerechten Lösung von Problemen arbeiten. Nicht an der Frage: wie stellen wir den größtmöglichen Kontrast zur politischen Konkurrenz her. Viele künstliche Streitpunkte, die wir uns als Parteien leisten, sind eigentlich nicht nötig. Streit ja, aber das Gezeter um Bagatellen und Petitessen ist eher lächerlich. Wenn es Übereinstimmung gibt, soll man das auch sagen. Es bleibt immer noch genug Platz für echten Streit. Keine Sorge.

Sollen Parteien denn überhaupt führen?

Demokratie stützt sich auf freie Wahlen, auf Volksvertreter, die dann die Regierungen wählen. Parteien können den Abgeordneten, die sie für die Wahlen aufstellen, mitgeben, was sie für richtig halten. Aber der frei gewählte Abgeordnete ist der freie Abgeordnete. Es gibt kein Parteien-Mandat, das ihn zwangsweise festlegen könnte. Deshalb müssen Parteien damit zufrieden sein, Anreger zu sein, zu inspirieren und die richtigen Leute an die richtigen Stellen zu entsenden. Die Parteien stehen nicht im Artikel 20 des Grundgesetzes, der bestimmt, dass alle Staatsgewalt vom Volk ausgeht. Die Parteien stehen im Artikel 21, der sagt, dass die Parteien bei der politischen Willenbildung des Volkes mitwirken.

Sie haben eben gesagt, es sei genug Platz für echten Streit. Wenn Sie die CDU und CSU und die SPD auf der anderen Seite ansehen, wo geht es denn heute noch um Richtung?

Sind CDU/CSU dement oder abgezockt? Ich tippe auf abgezockt. Was die Union im Wahljahr 2005 vorgestellt hat, ist nicht realisiert worden, weil die Unionsparteien und die FDP dafür knapp keine Mehrheit gefunden haben. Ob es vergessen ist? Das war eine Richtung, und was für eine. Und die vergisst man nicht mal eben. Eine Politik der Kälte, eine Politik, die das Ökonomische nach vorn gestellt und einer Ökonomisierung des Lebens das Wort geredet hat. Das war ein Gesellschaftsentwurf anderer Art. Die Mehrheit der Wählerinnen und Wähler wollte das nicht. Das ist in der Union und im Land insgesamt aber nicht wirklich ausdiskutiert.

Es schwingt immer noch mit.

Aber darum geht es: Soll das Ökonomische unser Leben insgesamt bestimmen oder müssen wir uns beim Gesellschaftsentwurf an Kategorien orientieren, die Solidarität und Gerechtigkeit zum Maßstab von Lebensqualität machen? Wollen wir die Schwächeren mitnehmen, die Minderheiten akzeptieren, individuelle Freiheit nicht der Ökonomie ausliefern ...

Ist das ein unterschiedliches Menschenbild? Homo oeconomicus oder der solidarische Mensch?

Die Union hat den Sozialstaat nicht verneint. Aber die Idee des ökonomischen Wettbewerbs als entscheidende Größe für die gesellschaftliche Ordnung hat sie doch sehr prioritär gestellt. Und diese Idee wird auch auf die Menschen, auf die Gesellschaft projiziert. Es gibt Wettbewerb und der Stärkste setzt sich durch, heißt die Parole. Für die Gesellschaft liefe das darauf hinaus: Oben ist oben, unten ist unten. Reichtum vererbt sich, Armut vererbt sich auch. Klassen und Kasten. Das wäre die Konsequenz der ökonomischen Durchdringung der Gesellschaft und der Menschen. Jeder kümmert sich um sich. Das ist gesellschaftlicher Rückschritt, eindeutig.

Die Sozialdemokratie will eine Gesellschaft, in der Freiheit und Gerechtigkeit und Solidarität das Leben durchdringen. Wie die Politik muss auch die Ökonomie den Menschen dienen. Nicht umgekehrt.

Wächst die Dynamik einer Gesellschaft aber nicht eher aus dem Wettbewerb?

Wettbewerb gibt es, seit es Menschen gibt. Er ist nicht unmoralisch. Aber er braucht faire Bedingungen und Regeln. Und er braucht ein Ziel, das Helmut Schmidts sittlichen Werten genügt. Politik ist dazu da, den Menschen zu dienen und aus dieser Perspektive muss sie auch die Interessen der Wirtschaft berücksichtigen und dem Wettbewerb in der Wirtschaft und in der Gesellschaft seinen Platz geben. Vor der letzten Bundestagswahl hat sich ein tief greifender Konflikt gezeigt. Das Ergebnis der Wahl hat ihn zugedeckt, weil die Union mit uns auf Augenhöhe regieren muss. Aber sie hat eben damals eine ganz andere Melodie gesungen. Die ist noch nicht verhallt. Dieser Streit ist nicht zu Ende.

Nach 2005 hat es einige Modernisierungen in der Union ge-
geben, bei der Familie und bei der Frage von Zuwanderung
und Integration. Die Volksparteien sind sich kulturell ähn-
licher geworden.

Die Union hat ihr Familienbild geändert. Das ist gut und war überfällig. In den 60ern sprach CDU-Familienminister Wuermeling noch von „gemeinschaftszerstörender Frauen-Erwerbstätigkeit". Endlich vorbei. Elterngeld, Kinderbetreuung und Ganztagsschulen sind Vorschläge aus der rot-grünen Zeit und zum Teil sind sie da auf den Weg gebracht worden. Das wird fortgeführt von CDU/SPD/CSU. Da darf man sich nicht genieren zu sagen: Gut.

Aber sind wir uns einig, wie die Kinderarmut bekämpft werden kann? Da geht es nicht nur um Geld und Infrastruktur. Sondern auch um die Haltung, mit der wir den kleinen Menschen und ihren Eltern begegnen, auch denen, die ihrer Verantwortung nicht immer gerecht werden. Manchmal ja nur, weil sie es nicht besser wissen. Unsere Hilfe muss den Kindern zugute kommen, ohne ihre Eltern zu stigmatisieren oder zu gängeln.

Ein Detail: Wir müssen das Schulessen so organisieren, dass keine soziale Kluft zwischen den Kindern, deren Eltern das Essen bezahlen können, und denen entsteht, die auf staatliche Unterstützung angewiesen sind. Ein anderes: Ein ordentliches Schulstartpaket für jedes Kind ist mit Sicherheit auch viel wert für das Selbstwertgefühl der Kleinsten.

Die Schulpflicht ist ein Kinderrecht. Wenn der Staat heute dafür einstehen will, dann muss er erreichen, dass alle Kinder deutsch können, wenn sie eingeschult werden. Am besten dadurch, dass alle Eltern die Angebote zur Sprachförderung so annehmen wie früher einmal die Schutzimpfungen: Weil sie wissen, dass Sprachförderung gut ist für ihre Kinder. Es sind Jungen aus Migrantenfamilien, die in großer Zahl die Schule abbrechen und sich als Außenseiter gerade dann stark fühlen, wenn sie unseren Leitbildern von Gleichberechtigung ihr Macho-Gehabe entgegenstellen. Ich bin wieder beim Thema Erziehung und Menschenwürde.

Ich glaube, wenn wir uns mit solchen Fragen ernsthaft beschäftigen, dann sind noch so manche Streitpunkte unvermeidlich. Das muss aber nicht schädlich sein.

Einen richtigen, grundsätzlichen Gegensatz kann ich trotzdem nicht erkennen.

Weil es Gegensätze tatsächlich nicht gibt. Nirgendwo. Wir Menschen haben den Gegensatz erfunden, um klarer abgrenzen zu können. Aber in Wahrheit gibt es zwar große Unterschiede, aber keine Gegensätze.

Eine nicht ungefährliche Wahrheit für den, der sie weiß. Denn sie relativiert so manches und ist den Ideologen und Fanatikern auf allen Seiten ein Greuel. Sie brauchen den Gegensatz.

Wir anderen müssen leben mit der Gewissheit: Wir haben recht. Aber die anderen, manchmal, ein bisschen, auch.

Was ist aus Ihrer Sicht derzeit das größte Problem der Union?

Sie stellt die Kanzlerin, aber sie hat nicht die politische Führung. Ihre Beliebigkeit. Für die Sozialdemokratie ist das eine Chance.

Die Union, das sind zwei Parteien. CDU und CSU. Und diese beiden haben es nicht verstanden, als eine Einheit in der großen Koalition zu agieren. Das ist deren große Schwäche. Die Union ist zwei Parteien, die nicht die Souveränität haben, in dieser Koalition im Interesse des Landes zu regieren.

Vom rot-grünen Bündnis ist nichts mehr übrig, keine Koali-
tion in den Ländern, kein Mehrheit in Sicht im Bund. War
es das mit Rot-Grün?

1998 hat keiner von uns wirklich damit gerechnet, dass
eine rot-grüne Koalition vorne liegt bei der Bundestagswahl. Dann war sie aber möglich. Wir haben es gemacht,
am Anfang mit großen Schwierigkeiten. Dann entpuppte
sich diese Koalition als eine ganz normale Regierung. Gut.

Ich halte die Zusammenarbeit mit den Grünen für die
SPD immer noch als die erstrebenswerteste Koalition. Ob
alle bei uns und alle Grünen das wollen, ist eine andere
Frage. Aber es gibt sehr viele Schnittmengen, insbesondere
wenn wir nach Liberalität, Bürgerrechten, der Bewusstheit
für soziale Werte und Nachhaltigkeit fragen. Die Grünen
haben sich inzwischen auch eine realistische Haltung zur
Wirtschaft erarbeitet. Sie wissen, dass man davor nicht
weglaufen kann und sie vernünftig gestalten muss.

Die Grünen gehen neue Wege. Deutlich sichtbar ist das an
der schwarz-grünen Koalition in Hamburg. Die besondere
Aura geht verloren. Werden die Grünen eine Funktionspar-
tei wie früher die FDP?

Naja, wir haben jetzt fünf, mit der CSU eigentlich sechs
Parteien im Bundestag. Die CDU hat die Kanzlerin, aber
nicht die Meinungsführerschaft. Die CSU hat mit Schrecken gemerkt, dass ihr Volksparteiendasein auch keinen
Ewigkeitsanspruch hat. Die Linke ist auf der Bundesebene
nicht regierungsfähig. Die FDP hat die exklusive Rolle der
Funktionspartei verloren. Die Grünen versuchen, ihre Rolle in der so veränderten politischen Landschaft zu finden.

Das ist legitim. Natürlich steckt in den Grünen auch
viel Konservatives, viele haben das aus ihren Elternhäusern

mitgebracht. Die Grünen haben in Hamburg klugerweise gemacht, was Westerwelle nach der letzten Bundestagswahl uns verweigert hat. Ich bedaure natürlich, dass wir in Hamburg nicht mit den Grünen koalieren konnten. Aber verstehen kann ich sie schon, beleidigt kann ich jedenfalls nicht sein. Sie haben ihre Möglichkeiten genutzt.

Offenbar hat die SPD heute Schwächen, die die Linke stark machen.

Mir fällt da nur Selbstbewusstsein ein und ein bisschen Chuzpe – da können wir zulegen.

Ja, wir müssen viel offensiver sein. Und dabei müssen wir darum kämpfen, dass solche politische Wahrheiten akzeptiert und populär werden, die realitätstüchtig sind. Die Linke, so wie sie heute ist, verweigert sich dem, was Politik eigentlich zu leisten hat. Die Linke setzt vor allem darauf, Stimmung bei den Menschen zu erzeugen. Sie will deren Stimmen. Ob ihre politischen Versprechungen vernünftig sind, stört sie nicht. Deshalb will sie ja auch nicht regieren, sondern opponieren und agitieren. Das ist unverantwortlich, im Kern undemokratisch.

Etwas kommt hinzu: Für mich ist es kein Zufall, dass es Leute aus meiner Generation oder die nur etwas Jüngeren sind, die uns den Rücken kehren. Es ist eine bestimmte Altersgruppe mit einer ähnlichen Sozialisation. Gerhard Schröders Reformen waren auch eine Bereitschaft zur Veränderung, zur Erneuerung des Gewohnten. Viele von denen, die zur Linken gehen, wollen einfach beim Gewohnten bleiben. Sie sind konservativ in ihrer Struktur.

8. Was sich so links nennt

Die Linke knüpft an Erwartungen an, die von der SPD scheinbar oder tatsächlich enttäuscht worden sind. Sie ist zu einer großen Herausforderung der SPD geworden.

Was sich da links nennt, das ist doch keine linke Politik, sondern eine traditionalistisch soziale Gesinnung. Nicht links, nicht Politik. Das ist nicht unehrenhaft, und ich verstehe, wenn viele Menschen gut finden, was die Linke verspricht: Nehmt den Reichen, gebt es den Armen. „Friede den Hütten, Krieg den Palästen." Das darf man nicht diffamieren. Aber es reicht eben nicht. Das ist Sozialpolitik aus der Zeit der Dampfeisenbahn. Die Verhältnisse indes sind komplizierter. Auch fortschrittsfähiger. Wenn man SED-Nostalgie und Lafontaine pur mischt, ergibt sich nichts Überzeugendes, was Linkes ganz sicher nicht. Verschnitt ist Verschnitt.

Im sozialen Denken der Linken Partei steckt freundliche Gesinnung, aber keine Verantwortungsethik. Und ohne die kommt Politik nicht aus, wenn sie gute Politik sein will. Da fehlt dieser Linken Entscheidendes. Man beschwört die sittlichen Zwecke – vor dem Hintergrund SED schon verwegen genug – aber man lehnt das pragmatische Handeln ab. Agitationsgeschrei und Politikfähigkeit stehen in einem grandiosen Missverhältnis.

Die PDS ist aus der SED hervorgegangen und ist in den neuen Ländern erfolgreich. Die SPD hat sich dort bis heute nicht zur Volkspartei entwickeln können.

Es wäre klüger gewesen, damals die politisch Aktiven, die nicht schuldig geworden waren, einzuladen. Und das waren die meisten. Zu sagen: Kommt in die Demokratie, kommt zur SPD. Das haben wir nicht so intensiv gemacht, wie es vernünftig gewesen wäre. Natürlich konnte für uns überhaupt nicht in Frage kommen, denen entgegen zu kommen, die Blut an den Händen hatten, direkt oder indirekt.

Viele andere Menschen aus der DDR wollten mit deren Ende weg von allem, was sich Sozialismus oder Links nennt. Ihre Erwartungen richteten sich auf Helmut Kohl, der an der Spitze unseres Landes stand und die Einheit vorantrieb. Ein Konservativer, der in dieser historischen Phase das Richtige tat. Insgesamt: Es wäre ratsam gewesen, wenn wir Sozialdemokraten die Einladung breiter angelegt hätten. Die mit den Blockparteien im Erbe hatten jedenfalls keine Skrupel. Wir haben es nicht getan, aber es macht keinen Sinn, dem heute nachzuweinen.

Die PDS ist eine Variante zur alten Vorgängerpartei SED. Sie distanziert sich nicht eindeutig. Aber sie sucht den Weg in die Demokratie und vielleicht geht sie ihn auch wirklich. Jeder muss die Chance haben. Die Kinder und Enkelkinder der SED auch. Ihr Bruderkuss mit der WASG aber wirft sie eher zurück auf diesem Weg.

Warum hat Ihre Generation, die SPD-Generation von Lafontaine, Schröder, Willy Brandts Enkeln, die Zäsur des Mauerfalls und der deutschen Einheit damals so kühl begleitet?

Wir blickten nach Westen, damit sind wir groß geworden. Als die Einheit kam, habe ich für mich festgestellt, dass ich nur von vier oder fünf Städten in der DDR wusste, wo sie genau liegen. Es war peinlich für mich: Da tauchte der Name Suhl auf und ich wusste nicht, ob das eine deutsche

Stadt ist und wo sie liegt. Willy Brandt, Hans-Jochen Vogel und Johannes Rau und andere haben das ungeteilte Deutschland in ihrer Jugend noch erlebt. Sie haben es gewollt und ersehnt. Für sie war Einheit ein Wert an sich. Für uns Jüngere – nicht für alle – war dieses Stück Welt durch die Mauer wirklich und wahrhaftig abgetrennt. Der Osten – auch der deutsche – hat keine wirkliche Rolle in unserem frühen Leben gespielt.

Als die Mauer fiel und der Kommunismus zerrann, habe ich es als phantastisch empfunden, dass die Gefahr des großen Krieges nun gebannt war, dass die Menschen Freiheit hatten, dass eine Diktatur scheiterte. In unserer Haltung steckte ja auch ein Stück Respekt vor den Deutschen in der DDR. Sie sollten ihren Weg selbst gehen und nicht einfach nur eingemeindet werden in die Bundesrepublik. Denn so optimal und jenseits der Kritik fanden wir unsere Bundesrepublik nicht.

Es fehlte uns das richtige Augenmaß, das die SPD-Führungsgeneration vor uns aus ihrer Lebenserfahrung hatte. Das war unsere Schwäche. Manche Menschen in der DDR haben bei uns vielleicht die bedingungslose Freude und Zustimmung vermisst, die Willy Brandt und andere lebten. Aber deren Zeit ging damals zu Ende. Und wir brauchten noch Zeit.

Die SPD hat eine schwierige Diskussion über ihr Verhältnis zur neuen Linken geführt, mit schweren Glaubwürdigkeitsverlusten nach der hessischen Landtagswahl. Was geht mit dieser Partei, was geht nicht?

Ich habe schon früher, als Bundesgeschäftsführer und Generalsekretär, gesagt: Gewählten Abgeordneten in Städten, Kreistagen oder Ländern kann man Koalitionen nicht von der Parteispitze her verbieten. Man kann sich mit ihnen streiten über deren Sinnhaftigkeit, aber letztlich liegt es in der Verantwortung der jeweiligen politischen Ebenen und deren gewählten Mandatsträgern, darüber zu entscheiden.

Als Reinhard Höppner, Harald Ringstorff und andere in den neuen Ländern begonnen haben, über eine Zusammenarbeit mit der PDS nachzudenken, war ich immer der Meinung, dass die Entscheidung in Mecklenburg-Vorpommern oder Sachsen-Anhalt getroffen werden muss, nicht in der Parteizentrale in Bonn oder Berlin. Vor Ort kennen sich die beteiligten Menschen, man kann sich gegenseitig einschätzen, weiß, wie der mögliche Partner agiert und ob da in der PDS Leute sind, mit denen man zusammenarbeiten kann. Und grundsätzlich gibt es diese integren Menschen natürlich auch in der PDS.

Im Osten ja, im Westen nein?

Im Prinzip muss das auch für die alten Bundesländer gegenüber der Linken gelten. Es kann sicher Zusammenarbeit geben, wenn unsere Leute vor Ort das wollen. Aber zu beachten ist: Es gilt das Prinzip Verantwortung.

Das heißt?

Wenn man sich zu einer Zusammenarbeit entschließt, dann allerdings auch auf der Basis klarer Vereinbarungen und eines Koalitionsvertrages. Nachvollziehbar und schwarz auf weiß muss festgelegt sein, was man zusammen tun und wie man es erreichen will. Das ist in der Berliner Landesregierung so, und das ist auch in Ordnung. Das führt ja auch dazu, dass die populistische Attitüde schrumpft und im pragmatischen Handeln der Realismus auch der PDS wächst. Wenn man sich bei der Wahl eines Ministerpräsidenten allerdings nur auf Wahlen stützt, die geheim sind, dann kann sich die Linke im Weiteren der Verantwortung entziehen und Lafontaine kann von der Couch aus den Daumen rauf oder runter halten und so entscheiden und dirigieren. So wie er sich das damals auch gedacht hat ...

Also: Offene Zusammenarbeit, Koalition, oder gar nicht.

Ja, genau so.

Für die Bundesebene, nach der Wahl 2009, schließen Sie jede Zusammenarbeit aus?

Für die Bundesebene im Jahr 2009 steht für mich fest: Keine Zusammenarbeit, weil die Voraussetzungen völlig fehlen. Wirtschafts-, finanz- und sozialpolitisch. Deshalb schließt die SPD definitiv eine Zusammenarbeit mit der Linken aus. Selbst wenn die Linke vier Wochen vor der Wahl sagen würde, na gut, bleiben wir doch in der NATO und natürlich sind wir hier und da zu Kompromissen bereit, gibt es keine Basis für eine Zusammenarbeit 2009.

Im Übrigen glaube ich, dass Lafontaine ohnehin ein Gegner von koalitionärer Zusammenarbeit ist, weil er die bedingungslose Ungebundenheit von Opposition will. Nicht mal ehrliche Opposition will er. Er will gar keine vernünftigen Ergebnisse sehen, sondern die SPD und die anderen Parteien dadurch quälen und bedrängen, dass er den Menschen Illusionen einimpft. Er kennt natürlich die internationalen Zusammenhänge und spricht oft genug darüber. Aber im Grunde macht er nur eine nationale, vermeintlich soziale Politik, eine nationalistische Politik, er suggeriert den Menschen, wir könnten einen Graben um das eigene Land ziehen und den eigenen Wohlstand retten, was immer sonst in der Welt passiert.

*Lafontaine war 1990 SPD-Kanzlerkandidat und wurde
1995 SPD-Parteivorsitzender. Sie haben sehr eng mit ihm
zusammengearbeitet, bis 1999.*

Ich bin von Rudolf Scharping im September 1995 gerufen
worden und wurde am 16. Oktober 1995 vom Parteivorstand im Ollenhauer-Haus zum kommissarischen Bundesgeschäftsführer bestellt. Das war übrigens die Stunde, in
der Lafontaine und alle anderen durch Handaufheben für
die Wiederwahl Scharpings zum Parteivorsitzenden auf
dem bevorstehenden Parteitag stimmten. Genau einen Mo-
nat später war dann der Parteitag in Mannheim. Oskar Lafontaine wurde Vorsitzender, man kennt die Geschichte.
Ich wurde zum Geschäftsführer gewählt. Wir haben eng
zusammengearbeitet.

Konstruktiv und erfolgreich?

Lafontaine hat damals eine gute Leistung gebracht. Er hat
die SPD zusammengeführt, die verunsichert und diffus
war. Aber seine destruktiven Talente hat er auch gezeigt: Verhindern, stören, zerstören. Macht um der Macht willen. Das
hat uns im Wahlkampf 1998 vielleicht – nur vielleicht! – genutzt, aber in den Jahren danach belastet. Lafontaine war
1995 entschieden: Wir wollen gewählt werden. Aber nicht
entschieden dafür, die richtige Politik zu machen.

Ich weiß, dass er klug genug ist, das zu erkennen und
das ist er auch heute noch. Er genügt dem Anspruch nicht,
dem sich Politiker stellen müssen. Er handelt nicht verantwortlich. Er ist machiavellistisch begabt und setzt das ohne
Rücksicht auf die Ziele ein, die er in seinen Reden beschwört. Er ist ein Hasardeur.

Sein erster Gedanke war immer, und das sehe ich heute
fortgesetzt: Wie kann ich die politische Konkurrenz an die

Wand drücken, wie kann ich sie ins Unrecht setzen, wie kann ich sie populistisch unterlaufen? Deshalb gab es zwischen ihm und Politikern wie Helmut Schmidt und Hans-Jochen Vogel auch immer einen tiefen Dissens. Seine Überlegung war immer: Wie kann ich dem anderen schaden. Lafontaine war ja auch keineswegs immer der Soziale, als der er sich heute geriert. Er ist auch mit sozialen Themen mit viel Zynismus umgegangen. Er wollte früh Arbeitszeitverkürzungen ohne Lohnausgleich. Das schien ihm opportun, also forderte er das. Macht braucht man in der Politik, aber diese Macht muss dienen. Und das tut er nicht. Das will er nicht. Das kann er nicht.

Als Schröder im März 1999 Lafontaines kurze schriftliche Rücktrittserklärung vor sich liegen hatte, ist er minutenlang erstarrt. Wie haben Sie diesen Abend erlebt?

Lafontaine habe ich von Beginn der Regierungszeit 1998 bis zu seinem Rücktritt so wahrgenommen: Er glaubte, dass er aus seiner Rolle als SPD-Chef und Finanzminister – er hatte sich ja ein Superministerium gebaut – die ganze Regierung an der langen Leine führen könnte. Das war ein Irrtum. Gerhard Schröder hat sich Schritt für Schritt aus dieser Umklammerung befreit.

Am 11. März 1999 war ich in Weimar und saß im Hotel „Elephant". Mein Mitarbeiter brachte mir die Nachricht, dass Lafontaine zurückgetreten sei, und zwar als Finanzminister und SPD-Vorsitzender. Ich habe gesagt: Das stimmt nicht. Als Finanzminister, ja – aber nicht als Parteivorsitzender. Ruft bitte zurück und stellt das richtig. Meine Begründung war einfach: Das kann nicht sein. Das macht ein SPD-Vorsitzender nicht.

Aber es war eben doch so. Nach dem zweiten Rückruf wusste ich: Lafontaine ist von beiden Ämtern zurückgetreten. Ich bin ins Auto gestiegen und war schon auf dem Weg nach Bonn mit Gerhard Schröder einig, dass er den Vorsitz übernehmen muss. Gesehen haben wir uns dann im alten Kanzler-Bungalow, da war der erste Schock schon vorüber.

Der Rücktritt kam völlig überraschend?

Niemand hat damit gerechnet. Niemand, den ich kenne. Es gibt SPD-Abgeordnete, die Lafontaine am Vorabend des Rücktritts getroffen und gesprochen haben und völlig überrascht waren. Es heißt, Lafontaine habe sich am Vormittag des 11. März entschieden. Ich weiß es nicht.

Hat Lafontaine wirklich mit niemandem gesprochen und nur die beiden schriftlichen Sechszeiler hinterlassen?

Ich kenne nur eine schriftliche Erklärung, den Brief, den er an die SPD geschrieben hat: trete zurück, danke für die gute Zusammenarbeit, mit freundlichem Gruß. Selbst eine Satire-Zeitung würde sich nicht trauen, einen Rücktritt eines SPD-Vorsitzenden so zu beschreiben. Ein absoluter Hammer. Eine irreparable Selbstdemontage.

Lafontaine selbst hat später begonnen, seine Legenden um die Rücktrittsgründe zu erzählen: Kosovo-Krieg, soziale Ungerechtigkeit der rot-grünen Regierung. Sein größter Fehler sei es gewesen, Schröder zum Kanzler gemacht zu haben.

Lafontaine hätte doch gar nicht die Kraft gehabt, Schröder als Kanzler zu verhindern. Die niedersächsische Landtagswahl im März 1998 war eine wuchtige Sache, die Gerhard Schröder bewusst zu einer Vorentscheidung gemacht hat. Seine Niedersachsen bestätigten ihn. Nach diesem Wahlsieg konnte Lafontaine nicht mehr anders. Noch an dem Wahlabend ist das besprochen und letztlich entschieden worden. Lafontaine hat sich nicht gewehrt. Er hat die große Geste versucht, in Wirklichkeit hatte er die Entscheidung aber nicht mehr in seiner Hand. Gerhard Schröder war das Zugpferd, nicht Lafontaine. Die Wählerinnen und Wähler hatten gesprochen. Deutlich.

Es hat auch seinerseits keine wirklichen Bemühungen gegeben, den Kurs der Regierung zu ändern, den er später so kritisierte. Ich war damals im Kabinett. Er war nie der Fleißigste und hat auch keine Auseinandersetzung um den richtigen Weg gesucht. Da lag kein Gegenprogramm auf dem Tisch. Bei den außenpolitischen Fragen, beim Balkankrieg – wenn er dagegen war, dann hat er das ziemlich leise gesagt. Ich kann mich nicht erinnern, dass es irgendeinen Kampf darum gegeben hätte mit ihm.

Was halten Sie denn für den wirklichen Grund?

Ich glaube, dass er sich für das absolute Genie hält und auch damals nicht akzeptieren wollte, dass er an zweiter Stelle steht. Wenn jemand Kanzler ist, dann ist er die wichtigste Figur in der Öffentlichkeit. Der Parteivorsitzende ist für die Partei wichtig. Im Bewusstsein der Bevölkerung ist der Kanzler die entscheidende Persönlichkeit. Das gilt übrigens auch für Kanzlerkandidaten.

Lafontaines Aufgabe als Parteichef war in dieser Situation, auf Platz zwei zu stehen und dem Kanzler in diesem Sinne zu dienen, damit der erfolgreich regieren konnte. Eine solche Rolle setzt persönliche Souveränität und solides Selbstbewusstsein voraus und davon hat er weniger, als er zugeben will. Arroganz ist nicht Selbstbewusstsein. Er hätte eine klare Sicht auf diese Rollenverteilung gebraucht. Diese Qualität hatte Lafontaine nicht. Er hat grandios verkannt, dass man als Superfinanzminister und SPD-Chef einen Kanzler nicht lenken kann. Das auch nicht versuchen darf. Er hat nicht akzeptiert, dass der Kanzler der Erste im Land ist. Er wollte Schröder als Kanzler von seinen Gnaden. Das war ein Irrtum, wie Gerhard Schröder früher erkannt hat als er. Insofern war Lafontaines Abgang ein Schritt der Resignation.

Er hat eine Legende daraus gemacht und viel Geld. Dafür war er clever genug.

Jetzt ist er zurückgekehrt in die Politik.

Es gibt das Gedicht Bert Brechts über die Fragen eines lesenden Arbeiters. Einige sollten gelegentlich die letzten Zeilen wieder lesen: „Alle zehn Jahre ein großer Mann. Wer bezahlte die Spesen?" Irgendwann wird die Linke die Spesen bezahlen müssen. Lafontaine erweckt im Moment den Eindruck, dass er sie ans Licht führt, diese Partei. Aber es ist eben nur das Blitzlicht und das ist ein Irrlicht.

Vieles, was Sie heute über die Linke sagen, hat in den 1980er Jahren auch für die Grünen gegolten. Sie mussten sich zur Partei des pragmatischen Handelns ja erst entwickeln. Können Sie sich das bei der Linken auch vorstellen?

Vorstellen ja. Aber ihr alter Ballast und die Parteienfrikassierer aus dem Westen in ihren Reihen und in ihrer Spitze machen diese Perspektive unwahrscheinlich. Wir setzen auf die Vernunft der Menschen. Und ein vernünftiges Konzept, das realistisch auf einen dauerhaften Wohlstand und einen zukunftsfähigen Sozialstaat setzt, erreicht viele Menschen. Auch die sozialen Antworten – wie Mindestlohn, Regeln für den internationalen Kapitalismus – werden deutlich gegeben. Aber finden werden wir sie nur, wenn

wir auch sagen, wie unser Wohlstand in einer globalisierten Konkurrenz künftig erwirtschaftet werden soll. Und
neben die Freiheit von Armut und Not muss auch die
„Freiheit zu" treten, Freiheit zur Bildung und Selbstbestimmung. Neben dieser SPD braucht das Land keine Partei,
die dauernd ihren Namen wechseln muss, keine PDS-
WASG-Linke, angeführt von einem Spieler.

9. Die SPD wird gebraucht

Warum gibt es die SPD?

Weil es ein dringendes Bedürfnis nach Solidarität und Wohlstand für alle gab, ein Aufbegehren gegen Willkür und Armut. Und weil es ein dringendes Bedürfnis gab, die Form des Zusammenlebens anders, nämlich demokratisch, zu organisieren. Daraus ist ja der Name entstanden. Sozialdemokratie, das ist ein Programm. Das waren die beiden großen Impulse für das Zustandekommen der SPD. Diese Idee hat auch heute noch ihre Wirkungskraft. Denn erreicht und auf Dauer gesichert sind Demokratie und Sozialstaat nie. Sie werden nie vollkommen sein und müssen in jeder Zeit neu erstritten werden.

Braucht man dazu auch im 21. Jahrhundert noch die gute, alte SPD?

Gute – selbstverständlich. Alte – alt sind wir nun mal, 145 Jahre.

Ja klar. Grundsätzlich ist es doch nicht anders als 1863, als das Ganze losging mit dem Allgemeinen Deutschen Arbeiterverein, der noch nicht Sozialdemokratie hieß. Der Name galt dann endgültig 1875 in Gotha, als man sich vereinigte. Die Sozialdemokraten dieser Zeit handelten im Gefühl, etwas Revolutionäres zu wollen. So hat es der Obrigkeitsstaat auch empfunden. Die SPD ist bekämpft worden, sie ist verfolgt worden, es gab die Sozialistengesetze. Sie ist gejagt worden und verlacht worden. Sie hat in den ersten hundert Jahren ihres Bestehens gerade gute fünf Jahre regiert.

Diese SPD hat ihre Werte gesetzt und durchgekämpft. Anders als andere politische Strömungen, die die organisierte Solidarität und die Demokratie so ernst nicht genommen haben in damaliger Zeit. Erst nach dem Zweiten Weltkrieg hat es die Demokratie breit in die Namen der Parteien geschafft – wir haben sie schon immer hochgehalten. Das alles ist ein gutes Stück Geschichte, das wir haben und das uns auch noch ein Stück weit prägt. Wir dürfen stolz darauf sein.

Die revolutionäre SPD hatte die Vorstellung einer sozialistischen Gesellschaft – eine Endzeitvorstellung?

Diese Idee war da. Darüber hat es viele Diskussionen in der politischen Arbeiterbewegung gegeben und schließlich auch die große Spaltung. Was das Soziale und das Demokratische im Namen sagen, hat sich durchgesetzt, weil man sehr bald begriffen hat, es geht nicht um ein Endziel, das möglicherweise auch noch naturgesetzlich ist. Man muss jeden Meter sich selbst erkämpfen und immer wieder neu. Wir Sozialdemokraten haben erkannt, dass es das Endziel nicht geben kann und der permanente Wandel unvermeidbar ist. Dass aber Fortschritt möglich ist.

Auch Fortschritt ist nichts, was einmal errungen auf immer sicher ist. Auch er ist dem Wandel unterworfen. Fortschritt kann gedämpft werden und verbraucht werden. Das gilt auch für Wohlstand und für Freiheit und für Demokratie. Deshalb ist Sozialdemokratie seit gut hundert Jahren geprägt als eine reformerische Kraft, die die Dinge verändern will und weiß, dass sie um den Fortschritt immer wieder neu kämpfen muss. Darin steckt ja auch eine gewisse Bescheidenheit. Wir können nie abschließend sagen: Wir hatten endgültig recht. Immer kommt eine neue Zeit, auf deren Höhe wir wieder sein müssen.

Sozialdemokraten sind notorische Weltverbesserer, manchmal halten sie sich auch für die besseren Menschen.

Wenn die Welt nicht besser werden müsste, könnten wir sie ja den Konservativen überlassen. Die sind prinzipiell zufrieden, so wie es ist. Unsere Drängelei lohnt sich.

Wir haben doch viel erreicht. Wenn man vergleicht mit dem, was vor 145 Jahren war, oder vor 100 Jahren oder auch nur 50 Jahren – eindeutig: Es geht besser und es geht uns besser. Das wollten wir so. Jetzt steht die Frage wieder neu: Wie kann man das sichern und kann es vielleicht noch besser gehen? Lässt sich Demokratie ausbauen? Lässt sich Gewalt eindämmen? Wie kann man verhindern, dass der Reichtum der Gesellschaft auseinander fällt zwischen denen ganz unten und denen ganz oben? Was kann man dafür tun, dass die nächsten Generationen, die kommen, sich bewusst sind, dass sie kämpfen müssen?

Wir wollen verhindern, dass der Hafen versandet. In den Geschichtsbüchern lese ich, da waren große Handelsstädte, und dann, irgendwann, waren sie nicht mehr groß – weil der Hafen versandete. Deutschland muss doch sehen, dass wir aufpassen müssen, wenn der Hafen lebendig bleiben soll, wenn wir unser Niveau halten wollen, ökonomisch, sozial, gesellschaftlich.

Auch anderes ist uns gelungen. Ich nenne das Frauenwahlrecht, das 1918 endlich durchgesetzt wurde. Von uns. Oder die Sozialdemokratin Elisabeth Selbert, die im Parlamentarischen Rat – 61 Männer, 4 Frauen – im dritten Anlauf durchsetzte, dass es den Artikel 3.2 unseres Grundgesetzes gibt, in dem steht, dass Männer und Frauen gleichberechtigt sind und der Staat die tatsächliche Durchsetzung dieser Gleichberechtigung fördert.

Sozialdemokratische Großtaten, die nie verloren gehen dürfen. Die uns aber auch nicht erlahmen lassen dürfen.

Das Leben bleibt ein Prozess. Neues steht an. Es gibt zu tun.

Manchmal scheint es leichter, festzuhalten was man hat, als nach dem zu greifen, was unklar und riskant ist. Die SPD macht zurzeit stark diesen Eindruck.

Dann müsste man sie wachrütteln.

Ich glaube aber nicht, dass das spezifisch sozialdemokratisch ist. Vielleicht hat man die Erwartung bei den anderen Parteien nicht so wie bei uns, dass immer Reform angesagt ist. Aber da hilft mir meine dörflich-ländliche Lebensweisheit: Wer rastet, der rostet, das ist so. Der Bauer, der die Scheuer voll hat und sagt, jetzt wollen wir mal ein Jahr nichts tun, der wird seinen Irrtum in ein oder zwei Jahren bitter fühlen. Deshalb gibt's da nichts auszuruhen, danach sind die Zeiten nicht. Und die Saatkartoffeln müssen gesetzt und dürfen nicht verfüttert werden, sonst ist das Kartoffelfeld im Herbst ohne Früchte.

Ich sehe aber mit Sorge, dass nach drei Jahren guten Wachstums viele bei uns inzwischen wieder glauben, die alte – auch damals scheinbare – Sicherheit sei wieder ausgebrochen. Wir hätten nur einen kleinen Durchhänger erlebt. Deutschland steht aber vor riesigen Herausforderungen, Deutschland und Europa in einer sich rasend schnell verändernden Welt. Die Frage wird sein, ob wir mit der Demokratie bestehen können gegenüber dem, was in anderen Teilen der Welt stattfindet. Auch deshalb ist die Anstrengung dringend nötig.

Die SPD ist nicht grundsätzlich dagegen gefeit, zum Selbstzweck zu werden. Oder zu einer bloßen Plattform, von der aus Posten und Ämter vergeben werden – und damit hat es sich.

Ich bin katholisch, das geht nun auch schon 2000 Jahre. Die Idee lebt. Im Übrigen war ich entgegen mancher Vermutung in meiner Partei damals bei der Gründung vor 145 Jahren noch nicht dabei und werde auch den 200. Geburtstag wohl nicht mehr mitfeiern. Dann bin ich im Himmel, oder wo Sozialdemokraten so hinkommen. Das wird sich zeigen. Im Ernst: Es sind Generationen, die nacheinander kommen, eine steht auf der Schulter der vorherigen und so weiter. Die Idee aber ist nicht überholt, sie passt in die Zeit, gerade sie passt gerade in unsere Zeit.

Dafür Worte zu finden, die Menschen überzeugen und wirkungsvoll erreichen, ist nicht leicht. Aber wichtig. Und möglich. Denn die derzeitige Unattraktivität der Sozialdemokratie liegt auch in unserer Schwäche, uns zu sehr auf das parteipolitische Klein-Klein einzulassen, Konturen zu schleifen. Und vor uns selbst und den Menschen nicht den Mut – oft auch nicht das Bedürfnis – zu haben, das Ziel zu beschreiben, und die großen Weichenstellungen zu erläutern, nötigenfalls auch streitig.

Ihr Credo lautet: Die SPD muss regieren wollen. Sie haben es eben selbst gesagt: In den ersten 100 Jahren waren es wenige Regierungsjahre, insgesamt inzwischen 30 Regierungsjahre. Vielleicht ist die SPD ja tatsächlich die geborene Oppositionspartei und kann in dieser Rolle am meisten bewegen.

Wir haben das meiste nach dem Zweiten Weltkrieg bewegt, regierend. Wohlstand, Demokratie. In den ersten hundert Jahren waren es zwischen 1918 und 1930 nur rund fünf Jahre Regierungsbeteiligung der SPD in einer labilen Demokratie. Drei Jahre danach ist diese schrecklich gescheitert. Aus dieser Zeit möchte ich an Friedrich Ebert erinnern, einen Mann, über den wir in Deutschland wenig sprechen, der uns aber noch etwas zu sagen hat. Ebert hat nämlich gewusst, dass der Anstand und der ordentliche Umgang unter den Demokraten von ganz großer Bedeutung sind. Er war der Meinung, dass es gut ist, wenn man Gemeinsamkeiten, die man hat, in einer Demokratie auch ausspricht. Ein Versöhnler, meinten die einen. Ein Naivling die anderen. Er starb jung und behielt auf fatale Weise recht.

Nach 1945 sind wir Sozialdemokraten bisher 26 Jahre in der Regierung, 20 davon im Kanzleramt. Ich finde, diese 26 Jahre sozialdemokratisches Regieren und Mitregieren sind der Bundesrepublik Deutschland gut bekommen und sie sollten erst der Anfang sein.

Oppositionssehnsüchte – bloß nicht!

Die SPD ist von der revolutionären zur reformerischen Arbeiterpartei, zur Volkspartei in den späten 1950er Jahren der Bundesrepublik geworden. Eine der Definitionen von SPD lautet: Schutzmacht der kleinen Leute. Ist sie das noch? Reicht das hin? Ist sie mehr?

Muss sie sein, aber reicht nicht hin. Schutzmacht der kleinen Leute heißt, dass man im Sinne von Solidarität denen hilft, die schwach sind, die gescheitert sind, die arm sind, die isoliert sind. Das ist unverzichtbar für Sozialdemokraten, wir demokratischen Linken müssen das wollen. Aber wir haben mehr Verantwortung, und es reicht auch nicht, um Mehrheiten zu gewinnen bei Parlamentswahlen. Philipp Lahm alleine reicht nicht. Wir müssen die ganze Breite des Spielfelds nutzen. Das Tor steht in der anderen Hälfte vorne in der Mitte. Wir müssen das Ganze im Blick haben. Und dürfen nicht Partikularinteressen, welcher Art auch immer, zum Hauptgegenstand der Politik machen. Verantwortung fürs Ganze, das heißt, dass wir zuständig sind für das Soziale und für Ökonomie und für die Ökologie. Nur in diesem Dreiklang kann gute Politik entstehen. Die macht es uns möglich, die Schutzmacht der kleinen Leute zu bleiben.

Die SPD, heißt es gelegentlich, sei eigentlich zwei Parteien, gemeint sind die Flügel.

Weil wir die ganze Gesellschaft im Blick haben, sind wir noch längst keine Holding, die nur verschiedene Parteigliederungen und Parteiflügel zusammenhält. Darüber haben wir bereits gesprochen. Flügel wird es in der SPD immer geben, und auch den Flügelstreit. Aber wenn es drauf ankommt, bei Wahlen, beim Regieren, dann muss es die eine SPD geben, die geschlossen für ihr Konzept, für ihren Gesellschaftsentwurf kämpft und die weiß: Flügel sind nützlich, aber funktionieren tun sie nur, wenn auch ein Kopf da ist, der führt. Und der sitzt bekanntlich in der Mitte. Zentrist ist für mich kein Schimpfwort. Die kreisunabhängigen Solitäre haben auch ihren Charme, ihre Berechtigung und Wirkung.

Als ich 1975 in den Bundestag nachrückte – fast noch Juso –, kannte ich natürlich die Flügeltheorie und bin einige Male zum Leverkusener Kreis gegangen. So hieß damals die Parlamentarische Linke, die PL. Aber das war nichts für mich. Zu viel Gerede, zu wenig Handeln. Zu viel Freude an den Schwächen der eigenen SPD.

Also bin ich zu Heinz Westphal gegangen, väterlicher Freund, ehemaliger Staatssekretär, Finanzpolitiker, später noch Minister. Kanaler – heute Seeheimer – war ich nicht, PL wollte ich nicht mehr, was nun? Westphals Empfehlung war: Kreisunabhängig, wie er, sollen sie doch flügeln. Das müsse auch kein Hindernis sein, wenn man mal gewählt werden wolle in der Fraktion.

179

Man müsse eben Experte sein in einem speziellen Bereich, nicht zu oft reden, aber dann substanziell, das Gute bei den Kanalern und bei PL gut nennen, das jeweils Schlechte schlecht und erstens Sozialdemokrat sein, erstens: Sozialdemokrat. Der Mann war einfach und klug, klug einfach, einfach klug.

Gerhard Schröder hat gesagt: Erst das Land, dann die Partei. Das hat nicht jedem in der SPD gefallen.

Ja. Aber das Prinzip ist richtig, überhaupt keine Frage. Es gibt aus der Geschichte der SPD gelegentlich noch das Gefühl, am Rande der Gesellschaft, am Rande des Landes zu stehen. Das ist auch erklärlich. Als die SPD begann, war sie verfolgt von Staat, Kirche und Reichswehr. Und sie wurde verfolgt bis in die zweite Hälfte des 20. Jahrhunderts. Das ist heute alles anders. Aber vom Gefühl, Außenseiter sein, davon ist etwas geblieben in unseren Genen. Nur, – das muss da raus.

Die SPD wird doch nicht mehr als Partei der Außenseiter angesehen.

Die Konservativen sind jedenfalls arrogant genug zu meinen, wenn ein Sozialdemokrat regiert, dann sei das ein historischer Irrtum, eigentlich nicht vorgesehen. Die Haltung bei ihnen ist: Das kann nicht sein, das muss man korrigieren, die Regierungspartei sind wir.

Folgenden Absatz bitte zweimal lesen:

Was jetzt – in dieser Koalitionszeit – mit der Union passiert, ist etwas Neues. Sie identifiziert sich mit sich selbst mehr als mit dem Land. Zuerst die Partei, genauer: Die Unionsparteien. Ich bin gespannt, was daraus wird, wohin das führt. Das könnte Dimensionen gewinnen über den Tag hinaus.

Die SPD war mit ihrem selbstverständlichen Anspruch auf Regierungsmacht immer viel zurückhaltender. Nicht überall, es gibt ja auch bestimmte Städte und bestimmte Regionen, in denen die SPD das längst abgelegt hat. Aber das sollten wir auch auf der Bundesebene und in Europa ablegen. Denn die Themen der Zeit sind unsere Themen. Mit denen haben wir begonnen, als die Vorläufer der anderen Parteien, die es heute gibt, das Wort Demokratie noch nicht im Munde führten, schon gar nicht im Namen.

Sogar Helmut Schmidt hat sich als Kanzler immer gern beschrieben als leitenden Angestellten dieses Landes. Das war eine Attitüde der Zurückhaltung, typisch sozialdemokratisch. Kohls Anspruch der „geistig- moralischen Erneuerung des Landes" signalisierte dagegen: Das Land gehört uns, den Konservativen. Trotzdem: Die Bundeskanzler aus der SPD, Brandt, Schmidt und Schröder haben ihre Verantwortung für Deutschland schon richtig verstanden. Gerhard Schröder war der, der sich am weitesten gelöst hat aus der Mentalität der Randständigkeit Er hat sich in die Mitte des Landes gestellt. Das war sein Zentrum und er war im Zentrum. Die Partei muss das noch üben.

Wenn Europa das Beispiel dafür liefern soll, den neuen Kapitalismus zu gestalten, dann muss auch die Frage nach der europäischen Linken, den sozialistischen und sozialdemokratischen Parteien gestellt werden. Nicht nur die SPD ist in der Krise.

Das ist richtig und das gehört auch thematisiert. Die europäische Linke hat in den letzten zehn Jahren an Zugkraft, an Überzeugungskraft verloren. Ein Land nach dem anderen kippte. Wir können zwar stolz sein auf das, was die europäische Linke geleistet hat in den letzten hundert Jahren. Das hat dazu geführt, dass die Demokratie eine Selbstverständlichkeit geworden ist. Jetzt ist die Frage, was kann die Linke tun, damit sie ihre Attraktivität wiedergewinnt und handlungsmächtig bleibt.

Deshalb ist Nachdenken über Organisationsstrukturen, aber auch über die Inhalte demokratisch-linker Politik nicht nur bei der SPD, sondern auch bei unseren Bruder- und Schwesterparteien nötig. Es ist klar: Im europäischen Zusammenhang wird sich die Zukunftsfähigkeit von Sozialdemokratie zeigen und bewähren müssen.

Vor zehn Jahren hatte die europäische Linke mit Gerhard Schröder, Tony Blair und anderen Regierungschefs großen Aufwind. Mit dem Schröder-Blair-Papier gab es einen Versuch, die europäische Linke neu zu definieren. Aber er wurde zu den Akten gelegt, es ging abwärts.

Wir haben es verpasst, einen wirklichen inhaltlichen Diskussionszusammenhang in Europa herzustellen. Es gibt immer wieder Versuche. Sie müssen aber intensiviert werden. Gar keine Frage: Die demokratische Linke in Europa muss sich stärker organisieren. Sie muss sich bewusst werden, wie wichtig sie für Europa und für die Welt ist. Das große Thema ist doch da. Sie muss lernen, gemeinsam europäische Politik zu machen, das Kunststück fertigbringen, das soziale Europa zu gestalten. Europa frei von Krieg, viele Länder schon über sechs Jahrzehnte, eine großartige, historisch einmalige Entwicklung. Das gab es noch nie. Das soziale Europa kann in einer Friedens- und Wohlstandsregion wachsen. Das ist was Neues. Was Sozialdemokratisches.

Die Menschen fragen sich: Wie kann das mit der Gerechtigkeit funktionieren angesichts der Globalisierung? Da muss die demokratische Linke in Europa Antwort geben. Im Parlament. In den Räten. In der Kommission.

Auch in den Parteien. Sie muss das soziale Europa auf ihre Fahne schreiben. Unsere Vorfahren in Deutschland haben 1925 bei einem Parteitag in Heidelberg eine europäische Regierung gefordert, weil sie gesehen haben, dass national-staatliche Antworten nicht mehr reichen. Diese europäische Regierung gibt es nicht, es wird sie auch nicht geben. Es wird weiter die Nationalstaaten geben. Aber es muss Formen der Zusammenarbeit geben, die über die nationalen Interessen hinausgehen und die auch einen Gleichklang der europäischen Linken schaffen.

Der Gedanke klingt bestechend: Es müssen die Demokratien sein, die den Stier bei den Hörnern packen. Aber immer wenn die Menschen gefragt werden, was sie von Europa halten, dann sind die Ergebnisse bestürzend, zuletzt in Irland. Europa, da hören vielen Menschen nicht: europäischer Sozialstaat. Die EU gilt als erste Adresse für Deregulierung, für Privatisierung, für Dinge, die mit Neoliberalismus iden-tifiziert werden.

Die Analyse stimmt, etwas ungerecht ist sie aber trotzdem. In allen europäischen Ländern gibt es die Neigung, die Dinge, die im eigenen Land nicht funktionieren, Europa in die Schuhe zu schieben. Europa ist sozialer, als wir es auf nationaler Eben erzählen. Es gibt eben auch 50 Jahre ESF = Europäischer Sozialfonds. Daraus wird viel Geld – auch in Deutschland – für sinnvolle Dinge ausgegeben. Die Federn stecken wir uns gerne an den eigenen Bundes- oder Landes-Hut.

Aber es gibt ein Defizit. Eine Aufgabe für alle Parteien, vor allem für die demokratische Linke. Wir brauchen einen Konsens, den die Menschen verstehen und teilen, dass Europa mehr ist als die Organisation eines großen Wirtschaftsraums oder der Finanzen. Es wird nicht funktionieren, auf der ersten Ebene die Ökonomie zu denken und auf der anderen, sozusagen nachgeordnet, national, das Soziale.

Der entscheidende Schlüssel für die Zukunftsfähigkeit der SPD und der europäischen Linken ist, das wir dieses bewusst machen und dieses europäische Zeichen setzen. Wenn es uns gelingt, wird es für die ganze Welt von Bedeutung sein. Das Soziale und die Demokratie müssen zum Markenzeichen Europas werden, so wie sie das vorher in den Nationalstaaten geworden sind. Das können nur wir. Und deshalb hängt das Gelingen Europas auch davon ab, ob die demokratische Linke sich besinnt und die Fahne nach vorne trägt.

Müssen neben den Parteien nicht auch Verbände, Nichtregierungsorganisationen Impulsgeber für solche Diskussionen werden.

Ja. Sind sie ja auch schon. Wir brauchen tatsächlich neben den Parteien auch andere Kräfte. Ich denke zuerst an die klassischen Verbände, die Gewerkschaften und die Arbeitgeber. Gerade für die Gewerkschaften gibt es ja riesige Herausforderungen. Die Unternehmen sind international aufgestellt, die Gewerkschaften begrenzt. Da stehen Arbeitnehmer verschiedener Nationen und kämpfen in Konkurrenz darum, wohin ihr internationaler Konzern sich bewegt. Sie erleben sich als Konkurrenten und das prägt natürlich ihr Bild von Europa.

Also: NGOs = Nichtregierungsorganisationen ja. Aber sie sind kein Alibi für lahme Politik.

Ich selbst fände es gut, wenn wir den Lissaboner Vertrag so schnell wie möglich in Kraft setzen könnten. Obwohl er kein Schlusspunkt sein wird. Das ist damit nicht fertig, dieses Europa. Wir werden einen offenen Markt haben, aber er muss sozial geformt werden. Sonst werden die

Menschen das Gefühl haben, dass sie dabei etwas verlieren und werden Europa ablehnen.

Das ist eine neue historische Aufgabe. Und die wird niemand lösen, wenn nicht die demokratische Linke. Die konservativen und wirtschaftsradikalen Parteien werden die Situation gern nutzen, um der Wirtschaft Impulse zu geben und ihr freies Feld zu schaffen. Der nationale Sozialstaat darf dann die Pflaster auf die Brandwunden kleben, die eine heißgelaufene Ökonomie verursacht. Unser Entwurf ist da ein anderer. Die Sozialdemokraten und an ihrer Seite die Gewerkschaften und die Arbeitgeber, auch die NGOs, müssen Tempo in diese Sache bringen. Es geht um viel.

Gibt es ein Beispiel im Europa 2008, wo Impulse von sozialdemokratischen Parteien ausgehen?

Mehrere. Die Sozialisten in Spanien haben es geschafft, aus der Frauenfrage Funken zu schlagen. Die spanische Gesellschaft hatte ja wirklich viel nachzuholen bei der Gleichberechtigung der Geschlechter. Die spanischen Sozialisten haben mit Erfolg für mehr Gleichheit gekämpft und damit ist auch das Gefühl eines Aufbruchs entstanden. Im Grunde ist in Spanien passiert, was Willy Brandt in anderen Zeiten mit „Mehr Demokratie wagen" in Deutschland ausgelöst hat.

Die finnischen Sozialdemokraten haben Vorbildliches in der Bildungspolitik in diesem dünnbesiedelten Land geschaffen. Die deutschen Sozialdemokraten haben mit der Reformagenda Arbeitslosigkeit erfolgreich bekämpft und haben die Alterssicherung verbessert. Oh doch, da glüht was.

Vielleicht ist auch das ein Schlüssel für Europa: Der jungen Generation Lust machen auf Europa, auf etwas, das sie gestalten kann. Wer von den Jungen den Ehrgeiz hat, Kanzler oder Minister zu werden, der sollte seine Lust auf europäische Ämter richten. Da entsteht doch das Neue.

Die Sozialdemokratisierung Deutschlands und Europas ist gelungen. Die Frage ist, wie die demokratische Linke in Europa insgesamt es schafft, dass wir auch als das Original anerkannt werden und das Vertrauen der Menschen und die Mehrheit gewinnen.

10. 2009: Die Wahl ist nicht entschieden

Können Sie sich vorstellen, dass die SPD im Herbst 2009 den Kanzler stellt?

Ja, die Entscheidung 2009 ist offen. Jede Wahl ist ein Unikat und keine Wahl ist wie die zuvor. Aber bestimmte Linien kann man schon erkennen. Wahlkämpfe haben wir oft genug geführt und zwar relativ erfolgreich. 2009 kann die Bundestagswahl zu einem positiven Ergebnis für die SPD führen und der Kanzlerkandidat der SPD kann Kanzler werden. Frank-Walter Steinmeier.

Eine tollkühne Antwort, nicht nur wegen der niedrigen Umfragewerte der SPD, sondern auch wegen der veränderten Parteienlandschaft. Sie rechnen mit fünf Parteien im nächsten Bundestag?

Davon gehe ich aus. Fünf Fraktionen, sechs Parteien, siehe CSU. Der Abstand zwischen der SPD und der Union ist wie im Mai und Juni 2005. Wir haben beide einen niedrigeren Sockel. Aber die Differenz kann man aufholen, so wie wir das 2005 auch aufgeholt haben. In der Vorbereitung auf die Bundestagswahl muss es darum gehen, dass wir unsere Möglichkeiten nutzen: Sockel steigern und die Union packen.

Entscheidend ist der Wille zu gewinnen. Das ist das wichtigste, was man für einen Wahlkampf braucht. Simpel, aber unersetzlich. Nicht: Wir versuchen es mal, aber 2013 wäre auch ein schönes Ziel. Sondern: Wirklich um die Mehrheit kämpfen. Jetzt. Das wird für uns schwer, klar.

Aber das wird auch für die Union schwer. Und in der Tat spricht fast alles dafür, dass man es mit fünf Fraktionen zu tun hat. Wahrscheinlich wird es eine Dreierkonstellation nach der Bundestagswahl 2009 geben. Jetzt, in der großen Koalition, haben wir auch schon eine Dreierkonstellation. Aber es gibt ja andere Dreierbündnisse, die man sich auch vorstellen kann.

Das Dreierbündnis von heute ist das von CDU, CSU und SPD.

Das von CDU, SPD und CSU, besser. Das war etwas, was ich mühsam lernen musste im Verlauf der Großen Koalition. Das sind keine zwei Parteien, sondern drei, die da beieinander sitzen. Das hat zu einer besonderen Statik innerhalb dieser Koalition geführt. Es hat auch dazu beigetragen, dass von der Spitze her weniger geführt wurde, als es sonst der Fall gewesen wäre. Die CSU hat nie zugelassen, dass die Kanzlerin auch ihr gegenüber die Sonderrolle der Kanzlerin hatte. Sie hat Frau Merkel immer wieder zurückgeschnitten auf die Vorsitzende der CDU – und diese hat das hingenommen. Hinnehmen müssen? Jedenfalls ist daraus eine besondere und labile Koalitions-Statik entstanden.

Sie haben gesagt, es wird auch schwer für die Union. Warum? Wer den Erfolg der Kanzlerin sieht, die Umfragewerte oder die zwischenzeitlichen Wahlergebnisse, rechnet eigentlich mit einem Durchmarsch.

Wir haben 2005 im Wahlkampf gezeigt: Man kann das aufholen. Um Haaresbreite hätten wir die Nase vorn gehabt. Das machen wir im Wahlkampf im nächsten Jahr wieder, mindestens. Auf anderen Wegen.

Die Union ist in ihrer politischen Linie für die Menschen keineswegs eindeutig, keineswegs klar, keineswegs attraktiv. Die SPD kann die politische Meinungsführerschaft gewinnen. Das ist allerdings auch die Voraussetzung dafür, dass man diesen Vorsprung wettmachen kann. Noch einmal: Entschieden ist die Wahl 2009 noch längst nicht. Die quasi-soziale Kurve, die Rüttgers und mit ihm Merkel und die Union ziehen, wird ihre eigene Dynamik im politischen Gesamtfeld haben. Das ist wie im Judo. Den anderen mit seinem eigenen Schwung auf die Matte legen. Es wird interessant.

Frau Merkel hat 2005 einen betont reformerischen Wahlkampf gemacht. 2009 wird die CDU ihren Wahlkampf keinesfalls mit dem gleichen Konzept führen.

Reformerisch? Unter Reformen verstehe ich etwas anderes. Das war ein marktradikal kalter Wahlkampf, der der Idee der Reform grundsätzlich geschadet hat.

Man wird sehen. Es hat bei der Union große Verunsicherungen gegeben im Verlauf dieser Legislaturperiode. Eine eindeutige Positionierung ist nicht vorhanden. Ich bin ganz sicher, dass in der Union viele voller Unruhe das eigene Profil als diffus erleben. Ihre Wählerinnen und Wähler noch viel mehr.

Mit dem Profil der SPD ist es nicht besser bestellt.

Die schlichte Wahrheit ist doch: Die Luft ist voll sozialdemokratischer Themen. Die Frage ist, ob wir es schaffen, als das Original erkennbar zu sein und die sozialdemokratischen Themen zu dominieren. Die sind mehrheitsfähig. Im Moment versuchen alle anderen Parteien, ein Stück abzubekommen. Bis hin zur FDP. Wenn wir um die politische Meinungsführerschaft kämpfen, können wir zu allen wichtigen Themen überzeugende sozialdemokratische Antworten geben. Wir müssen uns damit allerdings auch voll identifizieren und diese Herausforderung annehmen. Wie gesagt: Gesinnung reicht nicht. Es geht um Kompetenz und Verantwortung. Und Mut haben und Mut machen. Wir können so Vertrauen gewinnen.

Eines müssen Wahlkämpfer immer wissen: Die Wahlentscheidung ist für die Menschen weniger die Zensur für die abgelaufene Legislaturperiode. Vielmehr ist sie ein Vertrauensvorschuss für das, was kommt. Auch deshalb: Gesellschaftsentwurf. Blick nach vorne. Und da weiß ich, dass wir Sozialdemokratinnen und Sozialdemokraten gute Antworten geben können. Mit Frank-Walter Steinmeier im Zentrum.

FDP-Chef Guido Westerwelle hat schon immer behauptet,, dass die Volksparteien im Grunde genommen allesamt Sozialdemokraten sind. Ist Ihre Erwartung, dass die Union anders als 2005 in Ihrem Fischteich angeln will?

Die Parteienlandschaft kann nicht so simpel aufgeteilt werden, dass jeder für ein anderes Adjektiv – frei, gerecht, liberal, ökologisch, sozial – zuständig ist. Da gibt es schon starke Überlappungen und das Spektrum ist sowieso ein Kreis. Hinterm Vorhang treffen sich die Vagabunden von rechts und links. Bei den Konservativen hat das Soziale schon aus der christlichen Soziallehre eine lange Tradition, zu 2005 passt das nicht. Sie sind da diffus geworden. Bei uns hat neben dem Sozialen das Liberale von den Anfängen an ein eigenes großes Gewicht. Im Ziel gibt es Überlappungen, ja. Es gewinnt, wer Vertrauen gewinnt.

Unser Grundsatzprogramm, das Wahlprogramm, unser praktisches Handeln hat die SPD im Laufe der Jahrzehnte klar positioniert: Das Soziale und das Demokratische sind Hauptgegenstand unserer Politik. Darauf lassen sich alle politischen Inhalte beziehen, die für die Menschen heute wichtig und interessant sind. Wir haben eine bessere Antwort als die marktradikale oder die konservative oder die populistisch-illusionäre. Das wird die Auseinandersetzung sein. Damit stehen wir in der Mitte der Gesellschaft.

Gerade daran zweifeln viele Kritiker.

Die haben auch nur eine Stimme. Die Fragen der Menschen nach Gerechtigkeit, nach der Zukunft des Sozialen und ihrer freien Lebensgestaltung in der Demokratie sind uns Sozialdemokraten mehr als allen anderen auf den Leib geschnitten. Die SPD kann die Partei sein, die mit ihrem Fortschrittswillen die nötigen Antworten glaubhaft macht. Die Chance dafür ist da.

Gerhard Schröder hat nach 2005 gesagt, im Wahlergebnis hätten die Bürger eigentlich klar und deutlich ausgedrückt, was sie wollten. Durchaus Reformen, Veränderungen, aber eben mit Augenmaß und mit einer Absage an Marktradikalismus und populistische Illusionen, wie Sie eben auch gesagt haben. Können Sie sich schon ein Motto vorstellen, mit dem die SPD ins Wahljahr geht?

Zu dem SPD-Konvent, der Mai 2008 in Nürnberg stattgefunden hat, hieß die Losung: Aufstieg und Gerechtigkeit. Das ist schon eine gute Grundlinie, um die man vieles variieren kann. Im Grunde nimmt sie die alte sozialdemokratische Idee wieder auf, dass jeder die persönliche Chance hat und haben muss, das Beste aus seinem Leben zu machen. Ein Freier. Ein besseres Leben, auf dieser Welt, in diesem Leben, das sagt der Begriff Aufstieg. Ein Gleicher. In Kombination mit Aufstieg weitet sich auch der Begriff von Gerechtigkeit. Sie kann eben nicht auf bloße Verteilung verengt werden. Gerechtigkeit ist das Wort für Lebenschancen, es schließt Bildung und Erziehung und Gerechtigkeit für die kommenden Generationen ein.

Wahlerfolge der SPD hingen immer von ihrer Fähigkeit ab, die Spannung auszudrücken: Politik kann die marktwirtschaftliche Gesellschaft so gestalten, dass sie den Menschen gerecht wird.

Aufstieg und Gerechtigkeit ist eine andere Formel für das, was wir bei anderen Wahlen auch gesagt haben. Die sozialdemokratische Grundüberzeugung ist, dass die Gesellschaft und die einzelnen Menschen reformfähig und fortschrittsfähig sind. Wir versprechen und schaffen Bedingungen, damit Solidarität und Gerechtigkeit eine Gesellschaft der Freien und der Gleichen prägen.

Innovation und Gerechtigkeit haben wir 1998 im Wahlkampf gesagt. Die Grundidee ist auch in Aufstieg und Gerechtigkeit wieder angelegt. Wie das Wahlkampfmotto 2009 aussehen wird, muss später entschieden werden. Aber das war schon die richtige Spur, im Mai, in Nürnberg.

Hat, beziehungsweise hält die SPD diese Balance? Manchmal sieht die Sache mehr aus wie: zwei links, eins rechts.

Wahlkämpfe sind dafür da, dass man zuspitzt und pointiert. Dabei findet auch ein innerer Klärungsprozess statt. Das können wir. Seit 1998 haben wir das dreimal gemacht. Und ich finde, ohne jetzt allzu sehr auf die eigene Schulter klopfen zu wollen, wir haben es ganz gut gemacht. Und das können wir wieder.

Es ist für uns jedenfalls viel organischer, leichter und selbstverständlicher als für die Union oder andere. Denn natürlich gibt es in der Union immer noch eine breite Gruppe, die voller Skepsis ist gegenüber dem, was jetzt dort stattfindet. Viele wollen zur alten Linie von Friedrich Merz zurück, die ja einmal die der CDU-Vorsitzenden Merkel war. Oder ist? Die FDP wird auch ihre Probleme haben, wenn sie sich allzu sehr der alten Westerwelle-Linie wieder annähert und die Ökonomie zum Absoluten erklärt. Auf der anderen Seite sind in der FDP die alten liberalen Linien von Menschenrecht und individueller Freiheit wichtig und aktionsfähig und vernehmbarer geworden. Sie sind auch wesentlich für die Sozialdemokratie. Das hat uns in den vergangenen Zeiten schon einmal zusammengeführt. Der demokratische Sozialismus knüpft ja an Traditionen von Freiheit und Liberalität an, die aus der Aufklärung und dem Humanismus kommen. Das hat schon historische Zusammenhänge. Da kann sich ein Spektrum öffnen, wenn wir unsere eigene Position zu den wichtigsten Fragen klar machen.

Das wären?

Ich wiederhole sie: Wie entwickeln sich der globalisierte Kapitalismus und die Finanzmärkte, wie können wir für demokratische legitimierte Antworten sorgen, die über das nationalstaatliche Handeln hinaus Wirkung haben? Was kann man tun für eine vernünftige Reform von Bildung und Erziehung, um allen Kindern Lebenschancen zu geben und ihnen Orientierung zu geben in einer stark veränderten Welt? Was kann man tun, um Armut zu vermeiden und wie kann man dafür sorgen, dass der Wohlstand auf einem Niveau bleibt, um dauerhaft hinreichend Geld in den öffentlichen Haushalten zu haben für die, die darauf angewiesen sind. Wie beseitigen wir Arbeitslosigkeit und garantieren gute Arbeit? Was ist mit der Energie: Wie kann man dafür sorgen, dass Energie sicher ist und dass sie bezahlbar bleibt? Wann werden wir Autos fahren ohne Benzin? Ist die Umwelt weltweit definitiv auf der Rutsche oder bekommen wir sie stabilisiert? Was ist soziale Gesellschaft in einem Land, in dem die Menschen länger leben, relativ gesund alt werden und in dem es weniger Kinder gibt? Wie erreichen wir Integration? Wie können wir den Menschen die Angst nehmen, durchleuchtet zu sein und eine Nummer in einem immer raffinierterem technischen System der kompletten Registratur?

Alles super spannende Fragen. Vertrauen gewinnen wird, wer die Meinungsführerschaft dazu gewinnt. Nicht, wer sich kleinkariert rechtfertigt für das, was hinter uns ist und wer bei Gegenwind rückwärts geht. In zehn Jahren Regierungsverantwortung hat die SPD gezeigt: Wir können das – nach vorn sehen und mit dem Gesellschaftsentwurf verdeutlichen, wie das nächste Jahrzehnt in Deutschland aussehen kann. Diesen Ehrgeiz müssen wir weiter haben. Deutschland darf in den nächsten Jahren keine Regierung haben, die nur die Geschäfte führt. Das Land braucht eine Regierung, die mutig nach vorne geht.

Der Trend ist ein Genosse, hieß es in den 1970er Jahren. Heute kann man den Trend Deutschland nachgerade als antikapitalistisch identifizieren. Aber die SPD ist auch eine Partei der Marktwirtschaft. Sie will das internationale Finanzkapital in Griff bekommen und gleichzeitig vernünftige Rahmenbedingungen für die deutsche Wirtschaft in der globalisierten Welt schaffen. Eine Glaubwürdigkeitsfalle?

In der Tat, alle sind inzwischen skeptischer geworden, was die internationale Finanzindustrie angeht. Auch die, die vor einigen Jahren noch abfällig gelächelt haben, wenn Kritik geäußert wurde. Ja, das ist eine riesige Herausforderung. Schaffen wir es, zunächst in Europa, letztlich weltweit, Regeln zu entwickeln, die den Primat der Politik gegenüber der Ökonomie, speziell der Finanzwelt, durchsetzen?

Gleichwohl darf uns diese gefährliche Form des Kapitalismus nicht den Verstand vernebeln. Wirtschaft muss erfolgreich arbeiten können. Das gilt auch für die Bedingungen dieser globalisierten Welt. Wir wollen Prosperität, wir wollen Wohlstand, damit es den Menschen gut geht. Wir wollen eine Wirtschaft, die gute Gewinne macht, natürlich.

Auch hier gilt: Es geht um die richtige Balance. Ich sehe voller Hoffnung auf die Initiativen zu gemeinsamen Regeln, die die Bundesregierung in Europa anschiebt. Das sind gute Schritte, um Transparenz und eine politische Linie in diese Fragen zu bringen.

Sie haben politische Schnittmengen zwischen den Parteien angesprochen, zwischen SPD, FDP und Union. Hat Rot-Grün sich in den sieben Regierungsjahren erschöpft?

Nein, das ist natürlich die Präferenz! Wenn ich für 2009 etwas wünschen könnte, dann Rot-Grün. Darauf setze ich. Mit den Grünen gibt es aus einfachen und klaren Gründen immer noch die größte Übereinstimmung. Bei uns und bei den Grünen hat die extreme Ökonomisierung des Denkens nicht stattgefunden, die sich bei den anderen breit gemacht hat, vor allem bei der FDP und bei Guido Westerwelle in Person.

Aber die Grünen haben – wie gesagt – auch Sinn für vernünftiges Wirtschaften entwickelt und eine Idee von der sozialen Gesellschaft und sie sind liberal. Sie waren allerdings – manche von ihnen sind es noch – zu sehr Fortschrittsskeptiker, insofern Kinder der Zeit. Sie sind – mehr als andere – auch die Partei der Technikfolgenabschätzung. Das ist verständlich, aber man darf sich auch von ihr nicht die Neugier und den Mut zu Versuch und Irrtum nehmen lassen. Dabei ist zuzugeben: Einfach ist dieses Problem nicht. Denn Neugier kann zu Ergebnissen führen, die problematisch sind und nur schwer beherrscht werden können. Es ist die alte Frage der Menschheit, ob man was Neues beginnen darf, auch wenn man nicht weiß, wo es genau endet. Man muss sie mit ja beantworten und dann verantwortungsbewusst an die Arbeit gehen. Das wissen – glaube ich – auch die Grünen.

Rot-Grün ist Ihre Präferenz, aber nicht wahrscheinlich. Ist eine rot-grün-gelbe Ampel möglich?

Ob wahrscheinlich oder nicht, das weiß man noch nicht. Das liegt in der Hand der Wählerinnen und Wähler. Grundsätzlich ja. Wenn wir nicht über das Wünsch-Dir-Was reden, sondern darüber, was auch sein könnte, dann müssen wir davon ausgehen, dass es wieder drei Parteien sein werden, die zusammen eine Koalition bilden. Bei Jamaika wären es sogar vier. Auch große Koalition ist nicht ausgeschlossen. Die bodenlose Abneigung, die manche – auch Akteure – dazu äußern, ist lächerlich. Jede Koalition hat Probleme. Sogar jede Alleinregierung. Ich habe eine erlebt, als Minister in NRW. Streit in der Sache, zum Beispiel ums Geld, gab's da auch. Das konnte selbst Johannes Rau nicht völlig verhindern.

Es wäre natürlich reizvoll, es mit der Ampel zu schaffen. Inhaltlich bin ich mir sicher, dass man in dieser Konstellation zu vernünftigen Ergebnissen kommen kann.

Beflügelnd könnte sich auswirken, dass die FDP dann ein
sehr starkes Bedürfnis nach Regieren verspürt.

Wohl wahr. Wenn Westerwelle diese Partei noch einmal nicht in die Regierung führt, dann wird es für ihn ganz eng. Der Mann wird älter und irgendwann wird er alt aussehen. Marktradikale Konzepte werden bei dieser Wahl keine Chance haben, noch weniger als 2005. Da liegen wir schon sehr richtig – inhaltlich und wahltaktisch – mit unserem Ansatz, die Reformen und das Soziale zu verbinden. Es ist im Grunde der Weg geebnet worden, der in die Zukunft weist. Jetzt müssen wir den Mut haben, ihn zu gehen. Die FDP auch.

Die SPD hat im September 2008 ihren Kanzlerkandidaten
gekürt. Früher als von den meisten erwartet. Verbessert das
ihre Chancen?

Ja klar. Frank-Walter Steinmeier ist unser Kandidat für das Amt des Bundeskanzlers. Ich begrüße die Entscheidung. Auch dass Frank-Walter Steinmeier klargemacht hat: Er will das. Er nimmt die Aufgabe an, rechtzeitig, zielstrebig, überzeugend. Ich weiß: Frank-Walter Steinmeier kann Bundeskanzler. Er hat alles, was man dafür braucht. Diese Entscheidung ist eine große Chance für die Einigkeit, Kampfkraft und Entschlossenheit der SPD. Er wird die Kräfte der Sozialdemokratie bündeln und das Vertrauen der Menschen haben.

Und wir alle sind mit dabei und lassen uns nicht beeindrucken von Umfragewerten. Wenn Sonntag Bundestagswahl wäre ... Ja, es ist aber keine. Übernächsten Sonntag auch nicht. Voraussichtlich am 27. September 2009. Bis dahin passiert noch viel. Die SPD hat ihre Formation gefunden. Jetzt können wir aus der Chance einen Erfolg machen.

Was sind denn bis dahin die wichtigsten Stationen für die SPD?

Das vierte Jahr dieser Legislaturperiode nutzen, möglichst viel Gutes daraus zu machen.

... also nicht das Regieren einstellen ...

Nein, nein, überhaupt nicht. Nicht in der Regierung, nicht im Parlament. Der Kampf um die Meinungsführerschaft braucht ja nicht nur den intensiven Diskurs um den Gesellschaftsentwurf, sondern auch das konkrete Handeln.

Wenn man zum guten Schluss einen Strich darunter zieht, wird man sehen, dass die große Koalition zwar viel über sich selbst geredet und sich das Leben unnötig schwer gemacht hat. Aber schlecht ist diese Koalition nicht. Und die Sozialdemokraten müssen sich schon gar nicht genieren. Die Konstellation des Anfangs, investieren und reformieren und sanieren, hat den Aufschwung gestützt. Die Kinderbetreuung, die Klima- und Umweltpolitik, der erfolgreiche Kampf gegen die Arbeitslosigkeit – es ist eine ganze Menge erreicht worden in dieser Zeit. Das alles stand auch im sozialdemokratischen Wahlmanifest von 2005. Die Konsolidierung der öffentlichen Finanzen nicht zu vergessen.

Diese politische Linie müssen wir vorbereiten und zuspitzen auch für das kommende Jahrzehnt, das bald nach der Bundestagswahl beginnt. Es wird ganz interessant sein, die Regierungsprogramme von 1998 und 2002 und 2005 noch einmal nebeneinander zu legen. Und zu sehen, welche politische Idee sich durchgesetzt und Erfolge für das Land gebracht hat. Wir werden nicht schlecht aussehen dabei als Sozialdemokraten. Und dann geht es um den Blick nach vorn.

Sie haben schon viel über Bildung, Kinder und Familie ge-
sagt. Hier befindet sich die CDU mit der Familienministe-
rin in einer außerordentlich günstigen personellen Konstel-
lation. Der Bevölkerung fehlt eine Person, an die man echte
Bildungshoffnungen hängen könnte. Was hat die SPD zu
bieten?

Das Bewusstsein dafür, dass das Zusammenwirken von
Bund, Ländern und Gemeinden da von allergrößtem Gewicht ist. Und dass wir auch an dieser Stelle bei der Agenda 2010 mit Gerhard Schröder einen ganz entscheidenden
Schritt gemacht haben. Wir haben sozusagen den Stein ins
Wasser geworfen und er zieht nun Kreise. Wir haben damals nämlich mit der Agenda beschlossen, dass bis zum
Jahr 2010 im Krippenbereich 230 000 Betreuungsplätze
eingerichtet werden. Wir haben 4 Milliarden Euro aus Bun-
desmitteln eingesetzt für den Ausbau von Ganztagsschulen. Wir haben die Exzellenzoffensive an den Hochschulen
eingeleitet.

Insofern haben wir vom Bund aus schon wirklich entscheidende Impulse gegeben. Das ist in dieser Koalition
noch verstärkt worden. Das war richtig und notwendig
und für Sozialdemokratie kein Problem, sondern erfreu-
lich.

Aber ich glaube, dass das Thema von Bildung und Erziehung uns auch noch in diesem Herbst und im nächsten
Frühjahr beschäftigen muss. Dann müssen auch Antworten kommen. Es muss in Deutschland Schluss sein mit
dieser separatistischen Bildungsidee. Bildungschancen dürfen nicht von Zuständigkeiten abhängen, sondern müssen
klare Orientierung auf die Interessenlage der Kinder haben. Der Kinder!

Bildung ist Ländersache. SPD und CDU haben ihre Erfah-
rungen damit, dass ihre Landespolitiker das Thema im Bun-
destagswahlkampf klein halten wollen.

Da wird 2009 vorbei sein, weil das Thema die Menschen
brennend interessiert.

Es kann ja nicht sein, dass acht oder zehn Prozent der
Hauptschulkinder ohne Abschluss aus der Schule kommen. Also ran an das Thema, ganz gleich wer zuständig
ist. Und wenn die Fürsten und die Ideologen quietschen, –
macht nichts. Das ist eine der ganz großen Fragen für das
nächste Jahrzehnt.

Im Mai 2009 findet die Wahl des Bundespräsidenten oder
der Bundespräsidentin statt, Sie wird von einem Lagerkampf
umwabert. Welche Bedeutung hat diese Station für das
Wahljahr?

Wir haben zwei hoch angesehene und verdienstvolle Per-
sönlichkeiten, die bei der Wahl am 23. Mai 2009 konkurrie-
ren. Ob noch andere Kandidaten dazukommen, weiß ich
nicht. Wenn es so wäre, würde ich auch das mit Respekt
zur Kenntnis nehmen. Ich hoffe, dass es sowohl dem Bundespräsidenten als auch Gesine Schwan gelingt, die große
politische Debatte in Deutschland mit anzustoßen und zu
führen. Sie können diese Zeit nutzen, um uns hinzulen-
ken auf die wichtigen Themen. Auf die Notwendigkeit, sie
zu diskutieren und uns nicht in Kleinigkeiten und in Ne-
bensächlichkeiten zu verlieren. Zu handeln. Ich glaube,
dass die Kandidatur von Gesine Schwan belebend sein
wird.

Es könnte aber auch sein, dass um die Präsidentenwahl die
große Scheindebatte entsteht, nämlich die über Schwarz-
Gelb gegen Rot-Rot-Grün.

Nein. Das ist die Wahl der Bundespräsidentin oder des
Bundespräsidenten. Ich war immer der Meinung, dass zu
viele Geheimnisse in diese Wahl hinein interpretiert werden. Diese Wahl ist keine Weichenstellung für die Bundes-
politik. War es 2004 auch nicht, wie sich herausstellte. Es
gab nur einmal eine solche historische Konstellation, die
Heinemann-Situation1969, die wird immer angeführt.
Aber wie war das denn? Die Wahl von Gustav Heinemann
kann man als politischen Vorboten für den Wechsel zur so-
zialliberalen Bundesregierung interpretieren. Im Nachhinein. Damals hing das an einem seidenen Faden. In der
Wahlnacht 1969 waren viele im Ollenhauer-Haus und wohl
auch Herbert Wehner noch der Meinung, dass die große
Koalition weitergeht, als Willy Brandt und Walter Scheel –
angeblich bei zwei Flaschen guten Weines – den Ent-
schluss fassten, auch mit nur hauchdünner Mehrheit eine
kleine Koalition zu bilden. Es fehlte ganz wenig, und es
wäre bei der großen Koalition geblieben. Was würden wir
dann eigentlich sagen zu der Wahl von Gustav Heinemann?
Die Wahl am 23. Mai 2009 ist interessant und wichtig.
Aber sie ist keine Vorentscheidung für den Ausgang der
Bundestagswahl und sie entscheidet nicht über mögliche
Koalitionen.

Nach der ersten sozialdemokratisch geführten Regierungs-
zeit ist die grüne Partei entstanden. Nach der zweiten strö-
men der neuen Linken, die aus der PDS hervorgegangen ist,
nun auch im Westen die Wähler zu. Ist es ein Naturgesetz,
dass die SPD für das Regieren mit Abspaltungen zahlt?

Nein, das ist kein Naturgesetz. Ansonsten müsste man es brechen. Die entscheidende Frage ist, ob wir Sozialdemokratinnen und Sozialdemokraten die Bürger mit unseren Konzepten erreichen. Das haben wir in den 1980er Jahren nicht geschafft und da müssen wir jetzt besser werden, mit neuen Impulsen – inhaltlich, organisatorisch, praktisch. Die Menschen wollen von uns wissen: Wie wird es morgen sein? Wird es weiter Gerechtigkeit auf hohem Niveau geben? Wir müssen ihnen die Antwort geben und wenn wir das gut machen, dann wird es trotzdem andere Parteien geben, aber sie werden klein bleiben.

Die Linke hat in den letzten Monaten in den alten Bundesländern einen deutlichen Aufschwung genommen. Sie verankert sich dort. Wie erklären Sie sich das?

Es gibt im Osten eine ansehnliche Basis für die alte Partei, die aus der Zeit der DDR stammt. Das verbindet sich mit Unzufriedenheiten im Westen, gerade unter – oft älteren – Funktionären des DGB oder der SPD. Aber ich wiederhole: Für uns ist entscheidend, wie wir die Wählerinnen und Wähler ansprechen, nicht so sehr die Funktionäre. Die Menschen vertrauen nicht denen, die ihnen nach dem Munde reden. Sie vertrauen denen, denen sie vernünftige politische Führung zutrauen. Dass nicht alles erreichbar ist, was man sich so wünschen könnte, das wissen die Menschen selbst. Sie sind realistischer, als manche Rosa-Brillen-Träger glauben. Und Schaum vorm Mund mögen sie ohnehin nicht.

Die Grünen der 1980er Jahre waren auch keine Partei mit Bereitschaft zum pragmatischen Handeln. Sie sind es erst geworden. Können Sie sich eine ähnliche Entwicklung bei den Linken vorstellen?

Ich weiß nicht, was aus dieser Partei wird. Jedenfalls sind die Unterschiede zwischen der SPD und dieser Partei unüberbrückbar groß und dies gilt für Wirtschafts-, Finanz- und Sozialpolitik gleichermaßen. Dazu kommen die Unterschiede bei der Außen- und Europapolitik. Es ist nicht absehbar, dass man einen Weg der Zusammenarbeit im Bund finden kann. Bei mir und anderen in der SPD, das gebe ich zu, kommt natürlich hinzu, dass Oskar Lafontaine an der Spitze steht, der die SPD verraten hat. Mit ihm wollen viele von uns nicht zusammenarbeiten, weil wir sicher sind, es geht ihm nicht um die sozialdemokratische Sache, sondern um Rache an der Sozialdemokratie. Lafontaine ist ein Mann mit hohem destruktivem Potential. Er will die politische Konkurrenz in die Ecke stellen, lächerlich machen. Deshalb gibt es aus unserer Sicht keine Möglichkeit einer Zusammenarbeit auf Bundesebene, die irgendwie konstruktiv werden könnte. Das Schielen auf ihn und seine Truppen ist vertane Zeit.

Braucht die SPD nach zehn, dann elf Jahren in der Regierungsverantwortung eine Phase der Opposition, um sich zu erholen und neu aufzubauen?

Als ob man sich in der Opposition erholen könnte. Die SPD ist kein Selbstzweck. Wir sind da zum Gestalten, und das heißt: Zum Regieren. Also: Koalition mit den Grünen. Wenn das nicht reicht: Ampel Rot/Grün/Gelb oder Große Koalition.

Um das zu erreichen ist eines nötig:
SOZIALDEMOKRATISCHE PARTEI DEUTSCHLAND in Großbuchstaben schreiben, sagen was ist und handeln, Politik machen.

11. Macht Politik!

In einem der Schreiben, die Sie nach Ihrem Rücktritt erhalten haben, findet sich ein Zitat von Franklin D. Roosevelt über die Demokratie: „Demokratie, die Praxis der Selbstregierung, ist ein Vertrag, in dem sich freie Menschen verpflichten, die Rechte und Freiheiten der Mitbürger zu achten."

So ist es. Es geht darum, dem Zusammenleben in der Gesellschaft Regeln zu geben und diese zu garantieren. Politik ist die Antwort auf die Verantwortung, die wir Menschen für uns selbst und für das Ganze haben. Hannah Arendt sagt: Politik ist angewandte Liebe zum Leben. Ziemlich enthusiastisch. Stimmt aber. In der Demokratie gestalten freie Menschen sich selbst und ihr Miteinander-Leben. Die Freiheit des Einzelnen ist Ausgangspunkt und Maßstab. Die Gleichheit aller vor dem Gesetz erkennt an, dass die Freiheit jedes Einzelnen gleich viel wert ist – und folglich ihre Grenze an der Freiheit des Anderen findet. Deshalb ist eine freie Gesellschaft auf gestaltende Politik angewiesen. In einem demokratischen Staat muss Politik gemacht werden. Im Grunde genommen: von allen. Von einigen als Beruf. Macht Politik!

Das ist das Ideal, das vom grauen Alltag weit entfernt ist. Zufall, dass sich in Ihrer Aufforderung auch ein anderes Wort versteckt: Machtpolitik?

Kein Zufall. Es gibt Macht in Demokratien. Und das ist kein Grund zur Beunruhigung, wenn wir uns bewusst sind, was demokratische Macht ist.

Im Grundgesetz kommt sie nicht vor.

Ja, in unserem Grundgesetz kommt das Wort Macht nicht vor. Aus gutem Grund. Da ist von der Staatsgewalt die Rede, die vom Volke ausgeht. Von Gesetzen und Verordnungen. Von der Aufsicht des Staates. Von den Rechten und Grenzen der demokratischen Institutionen. Vom Recht, an das wir Bürger gebunden sind. Vom Bundeszwang gegenüber den Ländern. Vom Volksentscheid. Von Wahlen.

Das ist verständlich. Als das Grundgesetz 1948/49 entstanden ist, war der Begriff der Macht massiv diabolisch aufgeladen: Machtergreifung, Machthaber, Machtapparat. Davon wollte man Distanz, davon wollte man weit weg sein. Die Begrifflichkeit Macht hat in Deutschland einen Sonderstatus in der gesellschaftlichen Debatte und auch in der Politik. Zurückhaltend gesagt: Wirklich unbefangen können wir nicht damit umgehen.

Die diabolische Qualität von Macht füllt ganze Bibliotheken.

Ein Menschheitsthema. Denn in Menschen ist das Gute und das Böse angelegt. Macht haben wollen, das ist eine menschliche Leidenschaft. Macht über sich selbst, Selbstbeherrschung. Und Macht über andere, niemand ist ganz ohne dieses Bestreben.

Abraham Lincoln wusste: „Willst du den Charakter eines Menschen erkennen, so gib ihm Macht." Beim Umgang mit der Macht offenbart sich unweigerlich viel über den Mächtigen selbst. Es ist gut, wenn man das weiß. Es ist vernünftig, man setzt sich damit auseinander. Ja, es füllt ganze Bibliotheken, wie Menschen und die Menschheit sich mit den diabolischen Eigenschaften von Macht auseinandergesetzt und Macht gezügelt haben. Aber auch, welchen Segen Macht bedeuten kann, wenn sie der Vernunft folgt und der Humanität.

Politische Macht braucht Grenzen und Regeln ...

Und Werte. Es waren die Ideen von Demokratie und Solidarität, die griechische Polis, die christliche Nächstenliebe und Kants Aufklärung, die über Jahrhunderte herausgebildet haben, was wir heute als selbstverständlich ansehen.

Aristoteles hat die bis dahin gültige Vorstellung von der Macht des Stärkeren auf den Kopf gestellt. Sein Kernsatz war: „Der Staat aber ist eine Gemeinschaft von Gleichen." Er grenzte die griechische „polis" damit bewusst von anderen Ordnungssystemen wie dem des privaten Haushalts oder der Wirtschaft ab. Während der Herr im Haushalt ausdrücklich Macht über Nicht-Gleiche hatte, regierte der Staatsmann in der Polis über Seinesgleichen. Das war in Bezug auf unsere Grundwerte von Freiheit, Gerechtigkeit und Solidarität völlig unzureichend, für die Rolle der politischen Macht aber eine epochale Neudefinition in Theorie und Praxis. Aus ihr wurde abgeleitet, dass Herrschaft nur auf Zeit auszuüben sei und dass eine Herrschaft die Freiheit des anderen Gleichen zu erhalten habe. Das ist aktuell. Und Aristoteles wies darauf hin, dass Bürger, die mal Herrscher und mal Beherrschte sind, in ihrer Urteilskraft gestärkt sind, sich mit dem Gemeinwesen identifizieren und kompetente Staatsbürger werden. Das ist klug, wenn auch nicht zwingend.

Nach der Polis haben Sie die christliche Nächstenliebe genannt.

Das Revolutionäre der christlichen Religion für die Geschichte der Menschheit, das ist das Gebot der Nächstenliebe. Denn dieses bricht das Vorrecht der brutalen Macht frontal. Helfen und sich helfen lassen als oberstes Gebot, als dominierende Maxime. Das ist die Antwort auf eine Machtordnung, die dem Stärkeren bedingungslos Recht gibt. Einander zugewandt sein. Das ist der Fortschritt. Dem Schwächeren, Armen, Kranken beistehen. Aber nicht nur ihm. Jedem Menschen so begegnen. Seine Individualität und das heißt auch: seine Freiheit als vollwertig, also gleichwertig zu sehen. Der Nächste, das ist der Andere, auch wenn er ein Fremder ist. Das ist die Botschaft!

Diese großartige Idee ist der Maßstab geworden auch für unsere säkularisierte Welt. Der Humanismus, die Aufklärung, der Liberalismus, der demokratische Sozialismus – sie hängen dieser Maxime an und gründen auf ihr: Solidarität. Individuelle, aber auch gesellschaftliche. Als Menschenrechte fixiert und als organisierte Solidarität in Form des Sozialstaates praktiziert. Unvollkommen, aber eben doch als Maßstab.

Der christliche Mensch des Mittelalters war nicht frei.

Die Aufklärung hat den Siegeszug der Demokratie eingeleitet. Mit dem Entstehen einer breiteren Mitte in den Gesellschaften, mit dem Entstehen eines Bürgertums verlangten Menschen nach mehr Freiheit. Autokratische Staatsmodelle konnten diesem Anspruch nicht gerecht werden.

Solidarität und Demokratie sind zwei Realitäten, deretwegen man an die Fortschrittsfähigkeit der Menschheit doch glauben darf. Wenn auch im Sinne des Sisyphos, dem der Stein immer wieder herunterrollt. Es macht trotzdem Spaß mit diesem Stein. Denn er bewegt sich, wenn wir uns anstrengen. Und nach Camus dürfen wir uns den Sisyphos ja als einen glücklichen Menschen vorstellen.

Ist politische Macht in der Demokratie eine gewissermaßen domestizierte und damit unproblematische Größe?

Nein. Macht braucht Kontrolle. Macht braucht Widerspruch. Macht braucht Grenzen. Siehe Lincoln. Demokratien vergeben Macht nach Regeln und nur auf Zeit. Die Wahlen sind frei und geheim und gleich. Macht wird geteilt und kontrolliert. Gesetzgebung, Regierung und Rechtsprechung sind getrennt. Das Gewaltmonopol liegt beim Staat. Militärische Macht darf nicht für aggressive Zwecke eingesetzt werden.

Geordnete Verhältnisse. Aber keine perfekten. Und es lassen sich oft keine regelhaften, unmittelbaren konkreten Handlungsanweisungen daraus ableiten für politische Entscheidungen.

Und unentrinnbar stehen Politiker in dem Spannungsfeld der politischen Macht in der Demokratie. Richtige Politik machen – und mehrheitsfähig bleiben, also wieder gewählt werden. Beides ist wichtig. Es ist anstrengend, aber unverzichtbar, hier die Balance zu halten.

Das Urteil der Bürger fällt hier ziemlich deutlich aus: Politiker denken mehr an ihre Interessen als an das Gemeinwohl.

Soweit das Vor-Urteil ernst zu nehmen ist: Auch wer Macht auf Zeit erhält, muss Politik für das Ganze machen. Politiker dürfen sich nicht vor den Karren der Partikularinteressen spannen lassen. Leicht ist das nicht, auch nicht gegenüber den eigenen Anhängern, Wählern, Freunden. Und Politik, die den Ansprüchen von Kompetenz und Verantwortung entspricht, wird nicht falsch, weil sie – noch – nicht populär ist. Es ist die Aufgabe von Politikern, nicht auf diese richtige und gute Politik zu verzichten, sondern sie populär, mindestens akzeptiert zu machen.

Noch mal: Altbundespräsident Richard von Weizsäcker hat gemeint, dass die politische Klasse machtversessen und machtvergessen sei. Mit Machtversessenheit meinte er wohl, dass Politiker und Parteien ihre Aktivitäten opportunistisch auf die nächste Wahl auslegen würden. Mit Machtvergessenheit meinte er die Beliebigkeit, mit der Politikerinnen und Politiker nach Wahlen mit ihren zuvor gemachten Versprechungen und ihrer Macht umgehen. Die Kritik ist sicher zu pauschal. Ich geb's zu: Ich habe mich damals darüber geärgert. Aber ich gebe auch zu: Nicht immer gelingt uns Politikern die richtige Balance. Mahnungen haben ihren Sinn.

Alles in allem: Chancen und Risiken liegen dicht beieinander in Sachen Macht. Max Weber sagt, dass es zwei Todsünden gibt auf dem Gebiet der Politik. Unsachlichkeit und Verantwortungslosigkeit. Das entspricht Helmut Schmidts Forderung, pragmatisch zu handeln zu sittlichen Zwecken.

Ein Synonym für den schlechten Ruf der Politik ist der faule Kompromiss.

Ich lobe den Kompromiss. Überall im menschlichen Leben geht es um diese Bereitschaft: Sich zu verständigen, sich zu arrangieren. Denn es ist legitim, eigene Interessen zu haben, sie zu vertreten und möglichst auch durchzusetzen. Auch in Konkurrenz zu den Interessen des Anderen. Interessen offenbar zu machen ist besser und ehrlicher, als sie zu verdrängen, zu verschweigen, zu verbergen.

Aber dann ist er gesucht, der Kompromiss. Er hat in Deutschland bekanntlich einen schlechten Ruf und gilt als faul. Es gibt im Leben permanent Kompromisse, nur der Politik nimmt man sie übel. Tatsächlich gibt es in der Politik mehr faule Kompromissunfähigkeit als faule Kompromisse. Die es natürlich auch gibt. Ich bin aber überzeugt: Nicht der Kompromiss wird uns letztlich übel genommen. Sondern die Verweigerung von Entscheidungen und politischem Handeln.

Politische Macht heißt: Machen?

Ja. Entscheiden und handeln. Politische Macht ausüben heißt in der Demokratie: Handeln und sich der Kritik und Kontrolle aussetzen. Man kann ohne Grundüberzeugung nicht zielstrebig arbeiten. Wer meint, dass die guten Motive alles andere aufwiegen, der delegitimiert sich selbst. Der gute Zweck heiligt nicht das Mittel. Gesinnung ist kein Ersatz für Verantwortung und Kompetenz.

Es gibt Situationen, in denen Politiker entscheiden müssen zwischen Alternativen, von denen keine die eindeutig moralisch bessere oder schlechtere, die sittlich gerechtfertigtere ist. Man muss trotzdem verantworten, was man tut – und was man nicht tut. Nicht-Handeln gibt es gar nicht. Wer nicht handelt, lässt den Dingen ihren Lauf. Aber er hat keine Rechtfertigung, wenn sie in die falsche Richtung laufen.

Eine verdammt schwere Last. Man ist in der demokratischen Macht in der Verantwortung. Es muss entschieden werden. Man darf nicht in Ohnmacht flüchten. Als Pflicht der Macht hat Hans Jonas das beschrieben.

Die politische Führung ist vakant, weil sie ihrer Pflicht zur Macht nicht ausreichend nachkommt?

Wir müssen die politische Macht nutzen, die uns die Bürger gegeben haben. Mit dem Willen zur Gestaltung des großen Wandels. Demokratische Macht einsetzen, um den Siegeszug der Demokratie fortzusetzen. Wer gewinnt? Demokratisch legitimierte Macht oder die Macht des Kapitals – eine verdammt aktuelle Frage.

Ich sehe nicht die Gefahr, dass in der deutschen Politik die eine oder andere Kraft oder Person zu mächtig wäre oder würde. Aber die Gefahr, dass die mit der legitimierten Macht es sich manchmal zu leicht machen und nicht das Nötige, das Vernünftige fordern und tun, die Gefahr sieht man schon aufblitzen. Diese sanfte Macht ist netter, kann sein. Die Frage ist aber, ob unser Land die Zeit dafür hat.

Politische Macht gewinnt in der Demokratie Vertrauen durch Meinungsführerschaft. Im Diskurs mit den Menschen. Am besten aber durch Handeln, durch konkrete, zielstrebige Führung.

Sie haben gesagt: Politik muss gemacht werden. Im Grunde von allen. Als Sie mit Politik begonnen haben, war sie noch nicht Ihr Beruf. Warum sind Sie Sozialdemokrat geworden und warum sind Sie es immer noch?

Recht spät geworden sogar. Ich bin konservativ groß geworden. So beginnt mein politisches Leben. Bis 18 Fußball gespielt. Bis 25 gelesen und WDR3 gehört. Das war meine Heimvolkshochschule. Dann bin ich zur SPD gegangen und habe gesagt, ich möchte Mitglied werden in der Partei. Das war 1965. Die SPD hatte gegen meinen ausdrücklichen Willen die Bundestagswahl nicht gewonnen. Und das war die Phase, wo ich zum ersten Mal verstanden habe, dass man selbst Verantwortung übernehmen muss.

Zwischen 1961 und 1965 war für mich klar geworden: Es muss anders werden. Die müssen weg, die Konservativen. Altnazis wie Globke im Kanzleramt, die Zensur durch die Aktion Saubere Leinwand. 1965 stand für mich fest: Die SPD gewinnt die Bundestagswahl. Und dann hat sie verloren. Das hat mich dazu gebracht, zur SPD zu gehen und zu sagen: „Ich will mitmachen bei euch: Für fünf Jahre, ich will mal sehen, ob das was bringen kann." Es brachte was.

Natürlich erst im Nachhinein habe ich mich gefragt, warum das in meinem Leben so gelaufen ist. Heute glaube ich, dass dazukommt, dass Anfang 1965 meine erste Tochter geboren ist. Die Verantwortung des Familienvaters für die nächste Generation hat bei dieser Entscheidung auch eine Rolle gespielt. Kommunalpolitisch war ich ja schon engagiert, auch ohne schon in der Partei zu sein. Mit 25 Jahren hatte ich endlich begriffen: Wenn man was verändern will, muss man selbst etwas dafür tun.

Waren Sie schon Sozialdemokrat, als Sie in die SPD eingetreten sind?

Ganz tief im Land, nicht nur an den Universitäten, gab es das Unbehagen, das dann die 68er bewegt hat. Auch hinter den Bergen brannte ein Feuer. Die Enge, die soziale Kontrolle, war in den Dörfern und kleinen Städten aber noch dominant. Ich gehörte zu den Typen – man kennt sie, die Klassensprecher, Spielführer, Schriftführer, Vorsitzenden – die mitreden, mitbestimmen wollen. Sie sind nicht immer nur sympathisch, aber unverzichtbar. Die sagen was. Die wagen was. Die wollen führen. Sozialdemokrat war ich noch nicht wirklich, ich bin es geworden, ich habe es gelernt.

Meine praktische Erfahrung war: Mal setzt man sich durch, mal nicht, wenn man sich engagiert. In der Gruppe geht es leichter. Gemeinsam ist man stark – das ist schon so. Und meine politische Gruppe wurde die SPD.

Sie sagen: „Es brachte was." Was bringt politisches Engagement, die Mitgliedschaft in einer Partei?

Mir war nach kurzer Zeit klar, dass in der Politik die Tür für Einsatzbereite weit offen ist: Man kann etwas bewegen, erreichen, gestalten, verändern. Und immer gibt es neue Chancen, neue Gelegenheiten. Mit 29 Jahren wollte ich Vorsitzender meines SPD-Unterbezirks werden. Nicht gewählt. Mit 32 wollte ich in den Bundestag. Nicht nominiert. Jede Wahl ist eine auf Zeit. Jede Nicht-Wahl auch. Also habe ich wieder kandidiert.

Politik ist schon an sich eine schöne Aufgabe. Die Mitgliedschaft in der SPD hat mir eine anhaltende zusätzliche Motivation geschaffen, von der ich vorher nichts ahnte: Die Begegnung mit aktiven Menschen, mit aktiven Politikern. Frauen und Männern, die mit Ausdauer für die kleinen und großen Fortschritte streiten und kämpfen. Nicht bedeutungsvoll tiefsinnig, nicht krampfhaft, sondern mit gelassener, oft heiterer Selbstverständlichkeit.

Menschen, die wissen, dass Menschen gut oder böse sein können, dass keine Naturnotwendigkeit sie dazu führt, sondern jeder selbst das in die Hand nehmen muss. Die wissen, dass Gerechtigkeit ein großes, aber schwieriges Ziel ist. Tolle Menschen, nicht nur die großen Namen. Selbstbewusste, bescheidene, unbestechliche Menschen mit Rückgrat. Freie Menschen, denen gleiche Augenhöhe selbstverständlich ist. Es gibt sie. Und ich bin dankbar, dass ich mit ihnen zusammen Sozialdemokrat sein kann.

Parteifreund gilt als Steigerungsform von Feind.

Na ja, Parteien leben und menscheln. Da gibt es nichts zu idealisieren. Aber in Familien und Vereinen und Unternehmen ist das doch nicht anders. Im Übrigen heißen bei uns Parteifreunde ja Genossen. Und die Parteifreundinnen haben Sie gar nicht erwähnt. Aber Genosse oder Genossin, das ist doch schon deutlich rustikaler als Freund oder Freundin.

Es gibt jedenfalls Kraft und es macht Mut, wenn man sich in der Gemeinschaft von politischen Menschen bewegen kann. Das „Du" gehört dazu. Ich habe viele Male einen Genossen zitiert, den es inzwischen auf dieser Welt nicht mehr gibt. Als er seinen 100. Geburtstag gefeiert hat, habe ich ihn nach dem Resümee seines Lebens gefragt. Karl Richter hat geantwortet: Du musst das Leben nehmen, wie es ist. Aber du darfst es nicht so lassen. Das ist Sozialdemokratie pur. Dafür nimmt man auch das eine oder andere in Kauf.

2007 haben Sie am Ende Ihrer Hamburger Parteitagsrede an eine Begegnung mit Herbert Wehner erinnert.

Ja, 1975 wurde ich als Nachrücker Bundestagsabgeordneter und habe mich Herbert Wehner vorgestellt. Ich habe dem Fraktionschef erläutert, wie das alles weitergehen soll auf der Welt und was da zu machen ist. Ich sollte das besser hier nicht wiederholen und ich weiß auch vieles selbst nicht mehr. Wehner hat sich alles angehört. Irgendwann hat er dann zu mir gesagt: „Na ja gut, fang mal an. Aber pass auf, dass du nicht austrocknest". Das habe ich nicht richtig begriffen, damals. Behalten habe ich es aber, weil das so ein verrückter Spruch war. So typisch Onkel. In Hamburg auf dem Parteitag habe ich gesagt: Ausgetrocknet bin ich noch nicht. Das fühle ich auch so. Wenn es einen einmal gepackt hat und wenn man die Kraft, die physische und psychische Kraft hat, dann lässt einen die Politik nicht mehr los, mit Funktion oder ohne. Mal sehen.

Die Sehnsucht nach Freiheit hat die sozialdemokratische Politik geprägt. „Weil der Mensch ein Mensch ist, drum hat er Stiefel im Gesicht nicht gern." Freiheit gehört zur Geschichte der Arbeiterbewegung: Menschen auf gleicher Augenhöhe, keiner Herr und keiner Knecht. Freiheit von Elend und Freiheit zu Selbstbestimmung. Es gilt.

Ich bin seit gut 42 Jahren gerne in der SPD. Und das ist ja noch nicht das Ende. Wir werden weiter Freude aneinander haben. Meistens.

Franz Müntefering und die SPD
Nachwort von Tissy Bruns

Sagen Sie
Ihm, dass er für die Träume seiner Jugend
Soll Achtung tragen, wenn er Mann sein wird ...
(Friedrich Schiller, Don Carlos, 4. Akt, 21. Auftritt)

Die Metapher vom Urgestein ist beliebt bei Journalisten, wenn unter den stets zu kritisierenden Politikern einer beschrieben werden muss, dem man die Anerkennung nicht versagen kann. Dazu gehört fraglos Franz Müntefering, vormals Industriekaufmann, SPD-Chef und Vizekanzler, erneut SPD-Chef, Politiker mit einer so ungewöhnlichen Laufbahn, dass es nachträglich verwundern muss, wie das Etikett des Parteisoldaten je an ihm haften konnte.

Urgestein, das ist gewissermaßen eine sichere Nummer. Die Journalistin hat den Politiker auf einen guten Begriff gebracht und bleibt gleichzeitig kritische Betrachterin, weil Urgestein ja immer auch sagt: früher, damals. Der Begriff schreibt einen ab in die Vergangenheit. Die beschäftigt meinen Berufstand so viel oder wenig wie die Zukunft, obwohl wir das Gegenteil behaupten. Unseren Takt bestimmt die Gegenwart, und deren Tempo lässt uns in Wahrheit gar keine Zeit für ernsthaften Rückblick oder Vorausschau. Die Zukunft spielt in unserem Alltag insofern eine tragende Rolle, als wir der Politik jederzeit vorwerfen können, sie befasse sich zu wenig mit ihr. Unsere Vergangenheitsarbeit, jedenfalls wenn von der SPD die Rede ist, erschöpft sich in der Besichtigung von Traditionsbeständen, die einmal ihren Wert hatten. Unser Blick auf die frühe Sozialdemokratie hat oft etwas Abschätziges, das sich beinahe zwangsläufig einstellt.

Denn wir sind Leute, die von der Warte der Freiheit und selbst bestimmter Lebenswege, der guten Einkommen und Sicherheiten auf Menschen zurückblicken, die in Enge, Not, Bedrückung lebten. Wir sehen in ihnen – zu Unrecht – die kleinen Leute, die wir selbst nicht sein möchten. Wir sind Solitäre, Individualisten, die auf die Solidarität der Hinterhöfe nicht angewiesen sind.

Franz Müntefering ist Sozialdemokrat, und natürlich ist die Sache mit dem Urgestein gleichzeitig Unfug, wahr und reine Verlegenheit. Unfug, weil die SPD 145 Jahre alt ist. Müntefering, Jahrgang 1940, der im Herbst 2008 in die aktive Politik zurückkehrt, gehört nun einmal zur jüngeren Hälfte der langen Generationenkette, die SPD heißt. Wahr, weil Müntefering tatsächlich und unübersehbar etwas aus der Frühgeschichte dieser Partei in die Gegenwart trägt. Es ist nicht leicht zu greifen. Wir Beobachter neigen – zu Unrecht – dazu, die „Seele" der SPD nach den Verhältnissen zu beurteilen, in denen ihre frühen Protagonisten lebten – klein, eng und bedrückt. Nicht nach ihren Hoffnungen und Sehnsüchten, die groß und hochfliegend waren. Und reine Verlegenheit drückt sich im Begriff vom Urgestein aus, weil es ja ohnehin sinnlos ist, die Aura entschlüsseln zu wollen, die einen wie Müntefering umgibt.

Diese Verlegenheit wird nicht geringer, wenn man das ungewöhnliche Berufserlebnis hat, mit diesem Politiker lange Gespräche „über das Ganze" (Müntefering) zu führen. Ich muss bekennen, dass ich zur alten SPD ein durch und durch romantisches Verhältnis habe. Meine Lieblingsgeschichte aus der Zeit der Arbeiterbildungsvereine ist die von den zehn Zigarettenarbeitern, die sich ihre Arbeit so aufteilen, dass neun das gesamte Pensum wegarbeiten, damit der Zehnte ihnen gleichzeitig vorlesen kann. Das Pathos der Arbeiterbewegung von Freiheit, Selbstgestaltung und Kampf, der Traum von der besseren Welt hat meine Kindheit beflügelt. Und weil ich ihn als junge Erwachsene für viele Jahre an den kommunistischen Irrweg verraten habe, bin ich zudem nicht frei von Schuldgefühl gegenüber den Sozialdemokraten, die Freiheit und Demokratie immer verteidigt haben.

Die Sozialdemokratie, die weiß, das man ganze Welten gewinnen kann, wenn man sich anstrengt und kämpft, für sich selbst und für andere, diese SPD verkörpert Franz Müntefering. Aber erst durch einen Schatten entsteht das ganze Bild: Weil er nicht ohne Fehl ist, weiß Müntefering, dass man diese Ideale auch auf unschuldige Weise verraten kann. Durch Realitätsverweigerung, Besitzstandsdenken, Egomanie, geistige Bequemlichkeit. Das ist, wenn man die SPD von heute ansieht, leider wahr. Die SPD der letzten Jahre trägt wenig Achtung für die Träume ihrer Jugend.

Müntefering neigt nicht zu romantischen Betrachtungen. Sagt er jedenfalls. Verwegen und unerschrocken ist es aber doch, wenn er sich als Politiker herausnimmt, im Gespräch mit einem Rundfunkredakteur (der darüber entsetzt aufgeschrien haben soll) den Existentialisten Camus zum Sozialdemokraten zu erklären. Politiker sind vorsichtig mit öffentlichen Bemerkungen zu kulturellen Fragen. Wer einmal Elke statt Else Lasker-Schüler sagt, ist beim deutschen Feuilleton erledigt für alle Zeit. Helmut Kohl hat es zu spüren bekommen, Gerhard Schröder hat sich vorsorglich als ungebildeter ausgegeben als er war. Angela Merkel spielt die Bayreuth-Karte und sonst keine.

Münteferings öffentlicher Umgang mit Bildungsgut und höheren Werten zeigt ein geerdetes Selbstbewusstsein und einen Charakter, der unbeeindruckbar ist von Effekten, Bluff und Blenderei. (Was wiederum nicht heißt, dass er diese Mittel nicht selbst gelegentlich einsetzt.) Albert Camus ist einer der wichtigsten Autoren, die dem jungen Müntefering eine Welt öffnen, die Herkunft und Elternhaus im sauerländischen Sundern nicht vorgegeben haben. Die Lebensjahre zwischen 18 und 25 sind Münteferings Lesejahre; seine Lehrjahre hat er da schon hinter sich. Als der 14-Jährige die Volksschule verlässt, ist es schon Aufstieg, dass er nicht in die Fabrik muss, sondern Industriekaufmann lernt. Aber es wurmt ihn, dass andere aus seiner Klasse Abitur machen und studieren können, die nicht klüger sind als er, aber Eltern mit dem nötigen Geld haben.

Müntefering liest ohne Vorbild und Anleitung. Seinen Vater, den er klug nennt, hat er, abgesehen vom Gesangbuch, nie mit einem Buch in der Hand gesehen. Die Mutter, erzählt er einmal, sieht mit den Büchern Gefahren für den Sohn heraufziehen, Selbstzweifel und Verunsicherungen. Diese Mutter wusste offenbar etwas über die Macht von Büchern; sie möchte den Sohn liebevoll schützen. Vergeblich. In der tiefen Provinz, in der ersten Hälfte der 1960er Jahre spürt ein junger Erwachsener katholisch-konservativer Herkunft, dass sich die Zeiten ändern und dass er sie ändern will. Er wird SPD-Mitglied, als die SPD 1965 die Wahl verloren hat. Berufspolitiker wird er zehn Jahre später, als er in den Bundestag nachrückt. Und ein bekannter Spitzenpolitiker erst mit über 50 Jahren, als Minister in Nordrhein-Westfalen, als Bundesgeschäftsführer, als Bundesminister, als SPD-Generalsekretär. Nie habe sich in Ämter gedrängt, sie seien immer zu ihm gekommen. So wird er SPD-Vorsitzender und Vizekanzler der Bundesrepublik Deutschland. Er will die Macht und er kann sie loslassen. Der Vizekanzler tritt im November 2007 zurück, um seiner schwer kranken Frau bis zu ihrem Tod im Juli 2008 beizustehen

Was der junge Müntefering bei Camus findet, erzählt der arrivierte Politiker Müntefering in den letzten Jahren in mehreren Interviews. Durchaus auch, um ein anderes Bild als nur das des strengen, kühlen Einzelgängers zu zeichnen. Müntefering gewährt sorgfältig dosierte Einblicke in seine Person. Camus habe für ihn eine Schlüsselgeschichte geschrieben. Menschen suchen einen einsamen Philosophen und finden ihn in einer Kammer mit einer großen Leinwand, auf der ein Wort steht. Aber wie heißt es? „Solitaire" oder „solidaire"? Einsamkeit oder Gemeinschaft, Individualität oder Solidarität? Für Müntefering „das ganze Geheimnis des menschlichen Lebens."

Camus, da darf man Müntefering folgen, ist tatsächlich Sozialdemokrat. Die Spannung zwischen Individualität und Solidarität beschreibt ja nichts anderes als das größte Problem einer Sozialdemokratie, die nicht mehr die Hinterhöfe überwinden, sondern den modernen Sozialstaat gestalten will.

Nebenher ist die wabernde Schrift natürlich ein präzises Porträt des Sozialdemokraten Müntefering, der sich, Einzelkind und Einzelgänger, als einen bezeichnet, der immer ein „Alleiner" war. Und gleichzeitig erster Diener der SPD, loyaler Partner eines sozialdemokratischen Bundeskanzlers war, einer, der die Fähigkeit zur Demut als eine Eigenschaft selbstbewusster Menschen definiert. Der als SPD-Chef seine Karten eng am Körper geführt hat. Der lakonisch antwortet, er sei nicht so der Kumpeltyp, als Gerhard Schröder im Interview sagt: „Ich hätt' ihn gern zum Freund". Der sich bis an die Leidensgrenze in der Politik und für die SPD verausgabt – und doch in politischen Prozessen durchaus nicht immer der politischen Rationalität unterwirft, sondern seiner eigenwilligen inneren Uhr folgt.

Die Geschichte wird in den Tagen nach seinem überraschenden Rücktritt vom SPD-Vorsitz im November 2005 erzählt: Wie der 18-jährige Müntefering das Fußballspielen und die neuen Fußballschuhe für immer an den Nagel hängt. Denn er hat vor dem Spiel erklärt: Wenn wir heute nicht gewinnen, ist für mich Schluss. Am Ende ein unglückliches 1:1. Müntefering gibt den Fußball auf. Die Anekdote macht die Runde als Beleg für eine Sturheit, die sich im Drama um den Parteivorsitz wiederholt. Als eine Mehrheit in der SPD-Führung einen anderen Generalsekretär als den von Müntefering gewünschten vorschlagen will, tritt der zurück. Die öffentliche Meinung fällt über die Frondeure um die Parteilinke Andrea Nahles her, die angibt, sie habe „den Warnschuss nicht gehört". Andere im SPD-Präsidium offenbar auch nicht.

Ob Müntefering dem deutschen Fußball viel gegeben hätte, kann verneint werden. Der Gedanke, ob es für die SPD besser gewesen wäre, wenn er 2005 Parteichef geblieben wäre, ist jedoch erlaubt. Wahr ist, dass sich in beiden Fällen ein Mensch zeigt, der äußerst konsequent sein kann. Aber zeigen sie nicht auch, dass dieser Mann die Entscheidung nicht so in die eigene Hand nehmen wollte, wie er es hätte tun können. Warum einen Sieg beschwören, den er allein nicht herbeiführen kann? Warum kein „Warnschuss", keine Rücktrittsdrohung, als in den Zeitungen längst vorgerechnet wurde, dass der Personalvorschlag des Parteichefs scheitern könnte? Waren das nicht auch Situationen, in denen der sauerländische Katholik sich erlaubt, so etwas wie ein Gottesurteil zu suchen? Was sehr klug sein kann, in der Politik und in Parteien, in den man seine Karten und sein Glück leicht überreizen kann.

Im Sommer 2005 räumt Müntefering in den Tagesthemen einen Autoritätsverlust ein. Gerhard Schröder hat in Absprache mit Müntefering nach der verheerenden Wahlniederlage in Nordrhein-Westfalen vorgezogene Neuwahlen angekündigt, in der SPD-Bundestagsfraktion steht alles in Flammen. Der SPD-Chef verlangt von den Abgeordneten die vorzeitige Aufgabe ihrer Mandate und der Regierungsmacht, ausgerechnet Müntefering, dessen Ehrgeiz in allen Ämtern doch immer gewesen ist: Diese Partei, die aus den Quartieren der Unterdrückten kommt, sie soll regieren wollen. Dieser Müntefering setzt das Eingeständnis von Führungsschwäche als Machtmittel ein, um den schwierigen Weg zur Vertrauensfrage möglich zu machen.

Es entspricht keineswegs der Parteiraison, als er 1998, nach der gewonnenen Bundestagswahl, während der Regierungsbildung ein wildes Machtspiel von Oskar Lafontaine kurzerhand unterläuft. Lafontaine, damals SPD-Chef und designierter Superfinanzminister, will Rudolf Scharping, den er 1995 in Mannheim aus dem Vorsitzenden-Amt geputscht hat, aus dem Fraktionsvorsitz vertreiben. Gerüchte über Müntefering als Nachfolger kommen auf, die der nach kurzer Zeit beendet. Er stehe nicht zur Verfügung. Das war anständig, funktional war es nicht unbedingt. Denn am Ende von Lafontaines Rankünen finden sich Müntefering wie Scharping auf der Regierungsbank wieder, Müntefering als Verkehrsminister, als der er seine eigentlichen Stärken gar nicht ausreizen kann. Erst nach Lafontaines Rückzug ordnet Schröder als SPD-Chef die Führung neu. Müntefering wird SPD-Generalsekretär, ein Amt, das erst für ihn geschaffen und mit viel Einfluss ausgestattet wird.

Der vermeintliche Parteisoldat war immer Individualist, der die ungewöhnliche Eitelkeit pflegt, selbst in den höchsten Sphären der Macht als Mensch zu bestehen, der seinen eigenen Maßstäben folgt. Er ist Produkt eines langen sozialdemokratischen Kampfes. Die Genossen sind nicht mehr Rädchen im Getriebe einer Klasse oder Schicht. Sie haben erreicht, dass jeder seinen Weg gehen kann: „Die Individualisierung ist eine Erfolgsgeschichte", sagt Müntefering in diesem Buch.

Aber eben wieder kein Endpunkt der Geschichte. Dass Globalisierung und Demografie die SPD neu fordern, dass sie nichts stehen bleiben kann, wenn die Verhältnisse sich ändern – in diesen Fragen zeigen sich ja nur die Herausforderungen der Außenwelt. Sie sind schwierig genug. Das eigentliche, das innerste Problem der SPD ist jedoch, dass Solidarität und politischer Kampf nicht mehr von den Zwängen und der Enge der Verhältnisse angetrieben werden. Sind freie und starke Individuen fähiger zur Solidarität als die Unterdrückten? Das behauptet Müntefering. Damit ist er nicht nur Produkt seiner Partei, er fordert sie neu heraus. Die SPD, wenn sie die Träume ihrer Jugend achten will, muss es darauf ankommen lassen, dass er recht hat.